KB092676

1등은
당신처럼
SNS
하지 않는다

따라 하면 결과가 따라오는 SNS 마케팅 성공 공식

1등은
당신처럼
SNS
하지 않는다

1판 1쇄 펴낸 날 2022년 8월 8일
1판 2쇄 펴낸 날 2022년 8월 14일

지은이 정진수
펴낸이 나성원
펴낸곳 나비의활주로

책임 편집 유지은
디자인 BIG WAVE
감수 김미주

주소 서울시 성북구 아리랑로19길 86, 203-505
전화 070-7643-7272
팩스 02-6499-0595
전자우편 butterflyrun@naver.com
출판 등록 제2010-000138호
상표 등록 제40-1362154호
ISBN 979-11-90865-72-2 03320

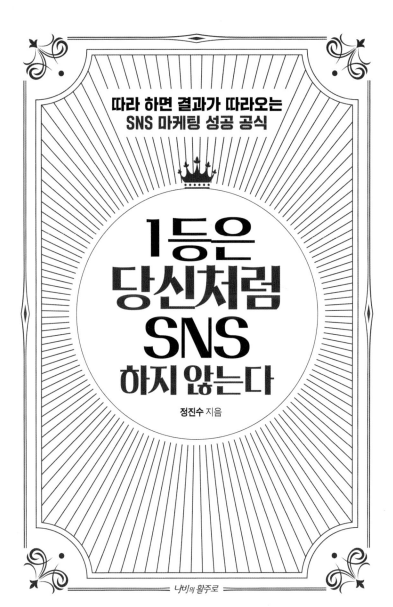

따라 하면 결과가 따라오는
SNS 마케팅 성공 공식

1등은 당신처럼 SNS 하지 않는다

정진수 지음

나비의 활주로

1등 SNS 마케팅 사례로 현재의 성공과 미래의 예측을 이끌어내는 법

우리나라는 'IT 강국'이라는 수식어처럼 인터넷 환경 속에서 세계 어떤 나라보다도 유행이 쉽게 이루어지고, 또 다음 유행으로 전환하는 속도가 매우 빠르다. 이러한 상황에서 개인과 기업은 온라인을 통해 새로운 기회를 찾고 있다.

전통적인 비즈니스에서 온라인으로 전환하며 부를 축적하는 개인과 기업이 많아지고, 거기에 코로나19까지 더해져 비대면이 주류가 된 흐름 속에서, SNS는 바야흐로 전성기를 맞이했다. 이제는 대부분의 개인과 기업이 페이스북, 인스타그램, 유튜브, 틱톡, 스마트 스토어 등 다양한 채널을 통해 홍보하는 것이 너무나 당연해졌다.

이러한 뉴미디어는 강력하게 시대의 경계를 무너트리며, 전통적인 광고 홍보 채널을 뒤흔들었다. TV 광고, 신문, 라디오, 잡지 등 강력했던 전통 매체들이 힘을 잃었고, 그 자리에 뉴미디어 채널이 자리를 잡았다. 이런 변화로 인해 정말 오래전에 이야기했던 지구촌이 실현되어 지금은 전 세계가 하나가 되었다고 해도 과언이 아니다.

〈오징어 게임〉만 보더라도 단시간 안에 콘텐츠가 전 세계로 전파되었고, 각종 SNS 등을 통해 하나가 되어 소통한다. 내가 잠을 자든, 다른 지역에 있든 온라인은 24시간 내내 전 세계를 넘나들 수 있는 위력이 있다. 따라서 우리는 온라인에 관한 관심을 지속해서 가져야 한다.

이 책은 그러한 관심의 일환으로 볼 수 있으며, 성공한 사례들을 통해 벤치마킹하고 인사이트를 얻어 본인이나 상품, 브랜드에 적용하면 좋을 것이다. 벤치마킹을 그냥 단순히 성공한 회사의 사례를 조사하는 것으로 오인하지는 말아야 한다. 또한 벤치마킹 대상은 같은 아이템이나 산업군일 수도 있지만, 다른 산업군일 수도 있다. 다른 산업군을 살펴봐야 그로 인해 더 다양한 시도가 가능해진다. 따라서 이 책을 통해서 여러 가지 사례와 트렌드 등을 보고 적용해보면 좋을 것이다. 미래는 예측하기 어렵지만 과거는 분석이 가능하며, 이를 통해 현재를 만들어가는 것은 충분히 시도해 볼 만하다.

요즘의 소비자는 선택에 대한 불안감을 해소하기 위해 미리 온라인을 통한 간접 경험과 검증을 하고, 오프라인 매장을 방문하여 경험하며 결국 온라인에서 구매하는 경우가 많다. 이는 지금 너무나 당연한 것이 되었다.

이러한 니즈에 발맞춰 지금보다 조금 더 잘하고 싶거나 참신한 마케팅을 해보고 싶다면 새로운 시도는 필수적이다. 이를 위해 가장 먼저 시장조사와 많은 사례를 분석하고, 타깃에 대해 깊이 이해하며 문제를 해결하고 가치를 창출하는 것이 중요하다. 혼란스럽고 어려운 시기에도 한쪽 문이 닫히면 반드시 한쪽 문은 열리게 되어 있다. 이 책이 그 문을 여는 시발점이 되길 진심으로 바란다.

정진수

SNS 거인들, 어깨를 내주다

"만일 내가 다른 사람보다 조금이라도 멀리 내다볼 수 있었다면 그것은 내게 '거인들의 어깨'가 있었기 때문이다."

이는 희대의 천재 뉴턴이 한 말입니다. 그도 거인의 어깨가 있었기 때문에 더 멀리, 더 많이 바라볼 수 있었다고 합니다. 이 책에서는 '거인의 어깨'가 되어줄 사례를 모아 인사이트와 함께 정리하였습니다. 현업 전문가들의 사례 분석을 통해 당신의 인사이트를 넓힐 기회가 되었으면 합니다.

'모방은 창조의 어머니'이라지만, 한 가지 사례로만 모방하면 베낌으로 끝날 수 있습니다. 하지만 이 책에 나오는 사례들을 통해 배우고 적용하면 새로운 창조가 일어날 것이라고 확신합니다. 이미 SNS의 거대한 파도가 일고 있다는 것은 누구나 알고 있습니다. 그리고 이 파도에 올라탈 것인지, 휩쓸릴 것인지도 우리에게 달렸습니다. 지금부터 주목해야 하는 것은 파도가 아니라 파도를 만드는 바람을 보는 것입니다. 파도는 거대하고 눈에 보이지만 바람은 눈에 보이지 않습니다. 바람을 보는 방법은 이 책에서 정리된 사례들과 인사이트를 통해 직접 적용해 보고 시도해 보는 겁니다. 그럼 어느새 진정으로 바람을 볼 줄 알게 될 것입니다. 거인의 어깨를 내줄 이 책으로 변화하는 SNS 파도 속에서 기회를 잡으시길 간절히 기원합니다.

김미주, 네이버 인플루언서, 엑스퍼트eXpert이자 유튜브 크리에이터

CONTENTS

2 PART 관심을 넘어 팬심을 이끌어 내는 법

3 PART 고정관념에서 벗어나 새로움으로 도약

4
PART
콘텐츠의 힘과
SNS의 시너지 효과

SNS MARKETING

PART

1

소비자의 마음을 얻는
도구로서의 SNS

||||||||||||||||||||||||||

소비자와 살아 있는 소통으로
다시 뜨는 주류 브랜드

청하

||||||||||||||||||||||||||||||||||||||||||||||||||||||||||||||||||||||||||||||||||||||||||||||||||||||||||

지금은 다소 그 위력이 줄어들었지만 2011년부터 거의 5년간 전성시대를 누렸던 SNS가 바로 페이스북이다. 그런데 페이스북 마케팅의 영향력이 왜 줄어들었을까? 바로 고객과의 소통은 없고 노골적인 광고가 눈살을 찌푸리게 했기 때문이다. 실제로 개발 초기의 페이스북은 일상을 공유하고 멀어진 지인의 안부를 확인하는 도구 정도였다. 사람들이 많이 모이니 당연히 광고가 진행되었으나 원래의 목적에서 페이스북이 조금 변질이 되자 사람들은 '페이스북이 왜 이렇게 변했지?' 하면서 인스타그램이나 다른 SNS로 옮겨 갔다. 페이스북이 이렇게 과거의 영광만 만지작거리며 뒷방으로 물러앉았을 때, 롯데 〈청하〉는 이 페이스북을 역으로 활용해서 소비자와의 유연한 소통을 시작한다.

청하 공식 페이스북 피드와 사진

　청하 페이스북 홈페이지에 들어가면 "오빠랑 오늘 청하할래?"라는 멘트와 함께 술맛 돋구는 메인 이미지를 올려놓았다. 이 청하 오빠는 누리꾼들 사이를 휘젓고 다니며 화제를 만들었다. 청하의 이러한 참신한 페이스북 마케팅에 누리꾼들은 열광했다. 한 예로 만우절에 청하 오빠는 자신의 페이스북에 청하를 권하지 않고 "처음처럼 드세요"라는 멘트를 올려놓았다. 이 한마디에 댓글이 어마어마하게 달렸다. 이처럼 소비자들은 일상 속의 공감이 가는 유머에 열광한다.

　청하의 글에 〈처음처럼〉도 이런 재미있는 댓글을 단다. "청하 좀 줘봐봐. 처음처럼 질린다." 이렇게 둘 사이의 주고받는 댓글은 자연스럽게 롯데주로 두 주력 제품인 청하와 처음처럼의 인지도를 높이는 계기가 되었다. 청하와 처음처럼의 댓글 배틀을 바라보는 팔로워들은 댓글과 '좋아요'로 뜨거운 반응을 보였다. 청하와 처음처럼이 만담 형식으로 흥미를 끄니 사람들이 모인 것이다. 이것이 바로 페이스북에서 소비자와 소통하는 방법이다. 페이스북 마케팅은 단순히 정보만 올리는 것이 아니라 재미 요소를 통해 소비자와 적극적으로 소통해야 한다. 얼핏 보면 쉬운 것

롯데주류 청하 페이스북

청하 공식 페이스북 채널 아트

같지만 이건 고도의 센스와 감각이 없이는 불가능한 일이다. 청하는 이러한 센스에서 한발 앞선 감각을 보여주었다.

솔직히 페이스북 마케팅은 성과를 내기가 쉽지 않다. 뭔가 상술의 저의가 보이면 바로 흥미를 잃고 흩어지는 사용자들의 특성 때문이다. 이들을 잡아두려면 뭔가 이들을 위한 재미 요소가 있어야 한다. 이 재미 요소는 페이스북 마케팅의 핵심이라 할 수 있다. 그리고 이것만 잘 지키면 그 어떤 SNS보다 영향력 있는 미디어 플랫폼으로 페이스북 광고가 활용된다. 사실 페이스북 마케팅이 어렵다고는 하지만 이걸 잘 활용한 기업은 TV 광고보다 더 큰 파급력으로 기업의 매출 증대 효과를 보는 것이다.

청하의 페이스북 페이지는 약 14만 명의 팔로워가 구독 중이다. 트렌드와 브랜드의 적당한 조합으로 페이지의 정체성을 잘 드러내고 있으며, 단순히 콘텐츠를 업로드할 뿐만 아니라 소비자와 살아있는 소통을 이어 나가고 있다. 청하는 아주 작은 이슈도 그냥 지나치지 않고 콘텐츠로 승화시켜 소비자로부터 공감과 반응을 얻는 데 성공했다. 또한 올리자마자 타깃 유료 광고를 적용하여 단시간에 많은 사람에게 도달할 수 있도록 했다.

코로나19가 전국을 위축시킬 때 SNS 마케팅은 더 힘을 냈다. 그 대표적인 사례 중의 하나가 하이트진로의 콘텐츠 마케팅이다. 코로나19의 비대면 상황, 경제적 부담과 바쁜 일상으로 인해 젊은 세대들을 중심으로 '혼자 술 마시는 것(일명 혼술)'이 트렌드가 되면서 하이트진로는 페이스북 페이지에 "혼자 술 마실 때도 자작하는 거 아니야"라는 콘텐츠를 통해 혼술 고객들을 위한 재기발랄한 콘텐츠를 제작하였다.

자동으로 술을 따라주는 기계를 등장시켜 혼자 쓸쓸히 집에서 술을 마셔야 하는 팬들에게 위안과 웃음을 주는 콘텐츠를 기획해 게시한 것이다. 이처럼 페이스북에서는 재미가 사람을 모으고 홍보의 무기가 된다는 걸 명심해야 한다.

인스타그램도 시류에 빠르게 대처하는 플랫폼이기도 하다. 박재범이

 wonsoju 아이유님 제발 와주세요ㅠㅠ 원소주 백병 드릴게요....
ㅠㅠㅠ

14시간   좋아요 1,736개   답글 달기

 moresojuplease ✅ @wonsoju 아이유씨 참이슬 모델이에요 선넘지마세요... ㅠㅠ 백병 저한테 주세요...

 dlwlrma ✅ @wonsoju 이런 도발적인 발언 삼가주세요
-참이슬 모델 아이유 올림

박재범 인스타그램 게시글 댓글

출시한 '원소주' 측도 "아이유 님 제발 와주세요. 원소주 100병 드릴게요" 라며 애원했다. 이에 아이유는 "이런 도발적인 발언 삼가하세요. 참이슬 모델 아이유 올림"이라고 답해 많은 웃음을 자아냈다.

원소주는 박재범이 2022년 출시한 브랜드이다. 그는 신곡 발매와 제품 홍보를 아이유와 위트 있고 재미있게 하며 소주 사업에도 승승장구를 가 하고 있다. 이런 재미가 더해진 민첩한 대처도 SNS 마케팅에서는 필수적 이다.

주류 브랜드의 SNS 성공 포인트

화젯거리를 던져주면 젊은 세대들에게 날개 달린 듯 입소문이 난다. 롯데 청하는 광고 모델도 청하를 써서 젊은이들 사이에 화제를 던졌다. 그리고 페이스북에 다양한 콘텐츠 재미 효과를 더해 소비자들이 찾아와서 놀게 했다. 댓글을 달고 좋아요를 더하면서 젊은이들의 술로 자연스럽게 청하를 각인시키는 효과를 준 것이다. 박재범의 프리미엄 소주 브랜드인 원소주도 론칭과 함께 입소문을 타고 있다. 더불어 소주 브랜드끼리의 소통도 소비자들의 재미를 자극한다. 이런 재미 요소는 주류 브랜드만 가능한 것이 아니다. 'EBS 자이언트 펭 TV'에 달린 댓글만 보아도 각종 기업, 공공 기관들도 활발하게 댓글을 단다. 이처럼 브랜드와 트렌드의 적절한 조화가 중요하다. 일방적인 정보 전달은 이제 더 이상 의미가 없다. 맞춤형 댓글 소통으로 브랜드의 신뢰도와 호감도를 높일 수 있다.

현재 페이스북 페이지의 도달률은 약 5~10% 정도로 추정된다. 즉, 많은 페이지에 '좋아요'를 통한 팬을 확보했더라도 글을 썼을 때 많은 이들이 안 본다는 것이다. 이유는 비즈니스 계정이기 때문에 광고비를 쓰라는 개념이다. 그러므로 이제 페이지의 팔로

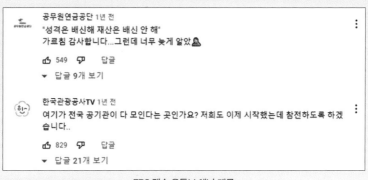

EBS 펭수 유튜브 채널 댓글

워를 늘리고 나를 팔로워들 모두에게 노출하기란 어렵다. 그래도 운영해야 하는 상황이라면 광고 예산을 편성해서 하길 바란다. 이글을 보면 '그럼 사람들은 페이스북 말고 인스타그램에서 광고하겠다'고 생각할 수 있겠지만, 단순히 그렇게 판단할 수는 없다. 확장성은 인스타그램보다 페이스북이 훨씬 더 높기 때문이다. 2가지 이유 때문인데, 첫 번째 인스타그램은 공유 기능이 없다. 대신 보관 기능이 있고, 별도의 앱을 써야지만 공유가 가능하다. 두 번째, 인스타그램은 게시글 속에서 링크가 걸리지 않는다. 이러한 이유로 인해 페이스북이 확장성이 좋다. 그래서 '사람을 찾습니다. 국민청원 운동' 등의 전파는 인스타그램보다 페이스북에서 많이 일어난다. 이렇듯 채널 마다의 특성을 바르게 파악하는 것이 중요하다.

우연을 마케팅의 수단으로 사용하는 재치 있는 대응 전략

팔도 왕뚜껑

‖‖

모자를 쓰고 컵라면을 먹으면 모자챙 부분에 국물이 묻을 수 있다. 특히 흰 모자를 쓰고 왕뚜껑 용기면을 먹으면 라면 국물이 모자챙을 붉게 물들일 것이다. 그런데 실제로 이런 일이 일어났고 SNS 상에서 화제가 된 일이 있었다. 왕뚜껑을 먹다가 국물에 하얀 모자가 닿는 바람에 챙이 빨갛게 물들어버린 사진 한 장이 온라인에서 큰 화

왕뚜껑 먹다 강제로 투 톤이 된 모자의 모습

제를 모은 것이다. 누리꾼들은 '대참사'라고 말할 정도로 해당 사진을 보면서 안타까운 마음을 감추지 못했다. 누리꾼의 안타까운 마음을 외면하면 마케팅에 무지한 사람이다. 기회는 누가 선물하는 게 아니라 스스로 찾는 것이기 때문이다. 그런데 hy옛 한국야쿠르트는는 가만히 있지 않고 왕뚜껑녀를 직접 찾아 나서기로 했다.

팔도 측은 공식 인스타그램에 다음과 같은 게시 글을 올렸다. "왕뚜껑을 드시다가 모자가 강제로 투 톤이 돼버린 고객님, 어디 계십니까. 실제 그 고객님께 편히 쓸 수 있는 모자와 왕뚜껑을 사례로 드리고자 하니, DM 부탁드립니다. 이 글을 널리 퍼뜨려주신 10명에게는 추첨을 통해 왕뚜껑 1박스를 제공해드리겠습니다"라고 메시지를 전했다. 누리꾼들은 이 메시지에서 그 어떤 상술도 느낄 수 없었다. 그래서 더 화제가 되었고 얼마 안 되어 그 주인공을 찾았다는 소식이 다시 SNS에 올라왔다.

팔도는 왕뚜껑녀를 찾은 후 "왕뚜껑 투 톤 고객님, 앞으로는 저희가 드린 왕뚜껑 모자 쓰고 왕뚜껑 드세요. 모자가 아주 잘 어울립니다"라는 감사의 인사를 전했다. 본의 아니게 왕뚜껑을 세상에 재밌게 홍보해 주어 감사하다는 의미일 것이다. 그렇게 팔도는 실제로 왕뚜껑녀에게 아주 특별한 선물을 전달했다. 이 작은 에피소드를 보고 누리꾼들은 "레전드", "진짜 찾을 줄 몰랐다", "너무 재미있는 이벤트" 등 폭발적인 반응을 보여주었다. 재미와 진정성을 찾는 MZ 세대(밀레니얼 세대와 Z 세대)가 이런 이벤트를 그냥 넘어갈 리 없었다.

그 이후 hy는 그냥 잠깐의 에피소드로 그 일을 묻어 놓았을까. 그렇지 않다. 의류 브랜드 미스터 스트릿, 숲 몰과 손을 잡고 '왕뚜껑 모자' 2종을 출시했다. 각 기업의 굿즈 출시 분위기를 같이 편승했지만 왕뚜껑녀가

왕뚜껑 제품과 컬래버레이션한 모자
(출처: 어패럴뉴스 http://www.apparelnews.co.kr/)

일으킨 진정성 있고 예기치 못한 이슈를 계속 이어간 것이다. 팔도의 모자 굿즈 출시는 2017년 햇츠온과 협업 이후 두 번째였다. 주요 소비층인 MZ 세대에게 색다른 재미를 전달하기 위해 기획했다고 볼 수 있다.

모자 굿즈 제작은 바로 왕뚜껑녀의 사진 한 장에서 시작된 것이다. 왕뚜껑이 출시한 모자 챙은 라면 국물을 연상케 한다. 미스터 스트릿과 숲몰은 국물이 스며드는 모습을 모자 디자인에 재치 있게 표현했다. 왕뚜껑을 상징하는 왕관 모양 로고를 볼캡 중앙에 수놓은 점도 돋보이는 아이디어다. 이 모자는 미스터 스트릿·숲 몰과 같은 온라인몰에서 누구나 구매가 가능하다. 모자를 구입하면 왕뚜껑을 증정하는 이벤트도 같이 진행한다. 의외성이 낳은 이 이벤트가 한 기업의 홍보전략을 바꾸게 했다. 그리고 MZ 세대들은 이 이벤트에 적극적으로 홍보하며 자발적으로 팔도 왕뚜껑을 세상에 알렸다. 이를 과연 예기치 않은 것이라고 해야 할까? 예측하고 계획된 것이라고 해야 할까?

현재의 마케팅은 저의를 알 수 없는 경우가 많다. 마치 우연히 벌어진 일이 그 기업을 살린 것 같은 스토리텔링을 만들어낸다. 마케터들이 점점 고수가 되어가는 것 같다. 아니 소비자들이 더 똑똑해지니 마케터들도 같이 영리해지는 것일까? 소비자들은 언제, 어떤 것에 열광할지 모른다. 그리고 재미와 진정성만 있으면 어느 섬에만 있는 제품이라도 전 세계에 적극적으로 홍보할 의향이 있다. 기업은 그 재미와 진정성에 초점을 맞추면 된다. 물량으로 돈으로 홍보하는 시대는 지났다. 뭔가 이야깃거리가 있어야 하며 그것도 진정성을 담보해야 한다.

팔도의 SNS 전략은 "우리의 팬은 우리가 만든다"는 것이다. 고객을 고객으로 남게 하는 것이 아니라 아예 팬으로 만들겠다는 야심 찬 계획이다. '왕뚜껑녀 이벤트'는 단순한 기업의 이벤트가 아니었다. 고객과 소통하고, 보다 재미있고 유쾌하며 소수의 팬이라도 확보하는 젊은 감각의 마케팅 전략의 결과였다. 비록 우스꽝스러운 사진 한 장에서 시작된 이야기지만 팔도는 그걸 역으로 확장했다. 이것이 팬을 만든 성공 요인이다. 그러나 그 기회가 그냥 찾아온 것은 아니다. 늘 고객에게 집중하고 고객의 팬덤을 어떻게 활용할 것인가에 초점을 둔 결과이다. 우연한 사진 한 장도 누군가에게는 그냥 스쳐 지나갈 일이지만 감각이 있는 마케터는 그것을 기회요인으로 삼는다.

고객 찾기 이벤트 마케팅 SNS 성공 포인트

일상에서 언제 어느 순간에 재미있는 이벤트가 벌어질지 모른다. 팔도는 그냥 넘어갈 수 있는 단순한 일을 이벤트화해서 소비자를 팬으로 만들었다. 그리고 단지 이벤트로 끝날 일을 굿즈 상품까지 만들어 기업의 이미지는 물론 매출까지 끌어올렸다. 팔도의 마케팅 전략은 365일 언제나 소비자를 관찰해야 한다는 점을 잘 보여준다.

맘스터치도 비슷한 사례가 있다. 한 여성이 맘스터치 싸이버거를 먹으러 지도 앱을 보며 10km를 헤매다 본사까지 찾아간 일이 일어난 것이다. 커뮤니티 사람들끼리 유명한 글이었는데, 본사에 이 이야기가 전달된 것이다. 그러면서 고객이 뜻밖의 상장과 선물을 받음으로써 또다시 사람들에게 회자하였다. 이렇듯 소비자들의 크고 작은 이야기에 귀 기울이고 거기에 응답하는 것이 핵심이다. 소비자를 관찰하지 않으면 언제 어느 순간 소비자로부터 멀어질지 모르는 일이다.

맘스터치 페이스북 게시글

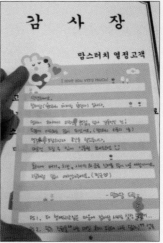
맘스터치 열정고객 감사장과 손편지

16년간 소비자들의 끈질긴 요청과 SNS가 탄생시킨 새로운 맛 켈로그

농심 켈로그 첵스 파 맛

지난 2020년 6월, 농심 켈로그에서는 자사 공식 유튜브 계정에 '16년을 기다린 맛이 온다'는 카피와 함께, '첵스 신제품 시식단 모집'이라는 6초 정도의 동영상 광고를 올린 바 있다. BGM으로 아재들의 노래인 태진아의 〈미안 미안해〉가 깔렸다. 그러면서 그해 7월에 출시되는 시리얼 첵스인 '파 맛'을 광고했다. 그런데 이 광고에 비하인드 스토리가 숨겨져 있었고 그 스토리가 소비자를 자극해서 16년 만의 첵스 파 맛을 두고 "16년 만에 민주주의가 실현되었다"는 이야기가 돌며 첵스 파 맛의 열풍을 불러왔다. 도대체 첵스 파 맛에 무슨 일이 있었던 걸까?

때는 바야흐로 2004년으로 거슬러 올라간다. 당시 농심 켈로그는 홈페이지에 '첵스 초코 나라 대통령 선거 이벤트'를 열었었다. 시리얼에 밀크

[켈로그] 첵스파맛 미안 미안해 편 (71s) ⌄
조회수 338만회 · 1년 전 #첵스파맛 #파맛챌린지 #켈로그첵스초코

켈로그 코리아(Kellogg Korea) 채널에 올라온 켈로그 광고

초콜릿 맛을 넣겠다고 공약한 '체키'와 과감하게 파를 넣겠다고 하는 '차카' 두 후보가 맞붙었고 네티즌들은 투표로 관심과 열의를 표현했다.

당시 농심 측에서는 어린이를 대상으로 한 제품이라 당연히 체키가 승리할 것이라 예상했다고 한다. 그런데 장난기가 발동한 어른들이 온라인 커뮤니티에 몰려들면서 차카에게 몰표를 했고, 결국 큰 표 차로 체키를 제치고 차카가 당선되었다.

농심 측에서는 당황할 수밖에 없었다. 파를 넣은 시리얼을 어린이들에게 어떻게 판매할 수 있단 말인가. 결국 '일부 장난기 가득한 어른들이 부정적인 방법으로 투표했다'는 사실을 보안업체를 통해 확인했다고 밝혔다. 그러면서 일부 표를 무효로 하고 현장 투표와 ARS 투표 방식을 추가했다. 이렇게 해서 우여곡절 끝에 체키가 승리했고 16년째 장기 집권을 하고 있다.

그런데 대선 15주년이던 2019년, 온라인상에 이상한 일이 또 벌어진다. 트위터에 'PlayforChex플레이포체키' 해시태그를 단 트윗이 수천 번이나 리트윗된 것이다. 심지어 체키의 탄핵을 요구하는 국민청원까지 올라왔다. 이렇게 적극적으로 트윗을 하고 청원을 올리는 것과 같이 적극적인 행동을 하는 이들을 프로슈머라고 한다. 그들은 소비는 물론 제품 생산과 판매에도 직접 관여하여 해당 제품의 생산 단계부터 유통에 이르기까지 소비자의 권리를 행사한다. 시장에 나온 물건을 선택하여 소비하는 수동적인 소비자가 아니라 자신의 취향에 맞는 물건을 스스로 창조해나가는 능동적 소비자의 개념에 가깝다고 할 수 있다.

이들 프로슈머 네티즌들의 강력한 요구에 굴복하여 농심 켈로그는 16년 만에 첵스 파 맛을 출시한다고 예고했는데, 이 발표를 듣고 네티즌들은 '16년 만에 민주주의가 실현되었다'라면서 환호를 질렀다. 과오를 인정하고 고객의 요구에 수용하여 폭발적인 소비자 반응을 얻었다. 영상 조회 수는 338만 회를 기록하였고, 첵스 파 맛 완판은 물론, 첵스 초콜릿은 판매량이 2배 성장하여 시리얼 전체 시장 점유율 1위를 달성하였다. 3개월 한정판이 나온 첵스 파 맛은 완판 행진을 이어갔고 대형마트 매대도 진열해 놓는 즉시 동이 났다. 심지어 시리얼인데 신선식품 채소 코너의 대파 옆에 진열되는 진풍경도 연출되기도 하였다. 이후 시식체험단은 떡볶이, 곰탕, 라면 등에 넣어 먹는 첵스 파 맛의 다양한 레시피를 유튜브나 인스타그램에 올리기 시작했다.

이런 일련의 활동은 절대 농심이 주도한 일이 아니다. 이 사건을 통해 소비자인 컨슈머에서 생산 및 소비를 아우르는 프로슈머, 그리고 모디슈

첵스 사건에 대한 커뮤니티 내의 반응

머라는 말까지 등장하였다. 모디슈머는 수정한다는 뜻의 모디파이Modify
와 소비자라는 뜻의 컨슈머Consumer의 합성어이다.

이들은 제조업체가 제시하는 방식에서 벗어나 사용자 자신만의 방식
으로 제품을 활용한다. 즉, 관습이나 광고 등에 현혹되지 않고 새로움을
추구하는 '체험적 소비자'를 일컫는 말이다. 주로 인터넷으로 정보를 공
유하거나 다른 사람들에게 자신만의 노하우를 공개하는데, 이를 바탕으
로 새로운 상품이 출시되기도 한다.

영화 〈기생충〉에서 나와 화제가 되었던 짜파구리도 모디슈머의 실험
적 레시피를 통해 탄생한 것이다. 농심 켈로그는 과거의 콘텐츠를 복제

하고 재가공해 즐기는 '디지털 밈Meme, 인터넷 유행요소' 현상을 보고 첵스 파맛 출시를 결정하였다. 비의 깡 신드롬이나 양준일의 〈리베카〉 등이 온라인을 통해 뒤늦게 확산해 화제가 된 것도 디지털 밈 현상과 같은 맥락이다. 업계에서는 농심이 마케팅 포인트를 아주 잘 잡았다고 평가했다. 농심 켈로그 첵스 파 맛의 성공은 소비자들이 적극적으로 제품에 스토리를 만들어 참여했던 좋은 사례이며, 프로슈머와 모디슈머의 적절한 사례로서 마케팅 역사에 당당히 한 페이지를 차지하고 있다.

마케팅을 진행했을 때 의도한 대로 결과가 나오면 얼마나 편하고, 얼마나 펀Fun할까? 농심의 마케팅은 의외의 결과를 맞이했다. 그 의외성은 SNS의 돌발적이고 자발적인 성향이 원인이었다. 기업은 네티즌들의 이상한 반응에 '어~어~' 하면서 당황해하고 사태를 수습하기에 바쁘다. 엄밀하게 따지면 농심 켈로그의 마케팅은 실패한 게 맞다. 의외의 결과가

아이템의 인벤토리에서 정리한 첵스 파 맛 사건

그 실패를 덮었을 뿐이다.

요즘 MZ 세대들은 소비에도 재미를 붙인다. 그게 바로 펀슈머Funsumer로 그러한 색다른 재미를 SNS에 퍼 나른다. 이 펀슈머들은 기업이 군이 큰 광고비를 들이지 않아도 알아서 그 제품들을 홍보해 준다. '첵스나라의 대통령 선거'와 같은 이벤트가 나올 것이라고 누가 생각했을까? 그것도 16년 전의 일을 다시 불러와서 '응답하라 2004 펀 마케팅'이 진행되었다. 인스타그램이 되었든 페이스북이 되었든 SNS에 재미가 붙지 않으면 불이 타오르지 않는다. 사람들의 관심을 끌려면 재미 요소가 필수다. 농심 켈로그는 당황하면서 정보 보안업체까지 동원했다. 이렇게 기업 입장에서 당황해하는 모습도 SNS에서는 놀이처럼 인식된다.

소비자들은 16년 동안 끈질기게 첵스 파 맛의 출시를 요청했다. 그래서 첵스 초코와 관련된 SNS 게시물의 관련 댓글에는 첵스 파 맛이 어김없이 등장했다. 심지어 청와대 국민청원 게시판에 '첵스 초코 체키를 탄핵해주십시오'라는 청원까지 등장할 정도였다. 이런 게 단순한 해프닝이나 개그 소재는 아닌 것 같다. 우리는 몰라보게 달라진 소비자들의 태도를 주목해야 한다. 소비자는 초고속으로 바뀌는데 기업이 달팽이 걸음이라면 어떻게 자기 제품을 주도적으로 팔 수 있겠는가.

농심 첵스 파 맛의 SNS 성공 포인트

소비자들이 자발적으로 유튜브나 인스타그램에 제품 스토리텔링을 전개한 좋은 사례다. 첵스 파 맛 사건은 컨슈머에서 프로슈머, 그리고 모디슈머까지 확장된 SNS 마케팅의 새로운 모델을 보여주었다. 온라인의 발달로 소비자들은 점점 더 적극적으로 제품이나 브랜드에 많은 영향을 주게 되었고, 이로 인한 소통이나 대응이 필수적인 시대가 되어버렸다. 기업이 아닌 개인이라 하더라도 최소한의 모니터링이나 응대는 꼭 필요한 시대라는 것을 기억하자.

과거의 사건을 소비자들이 잊고 살 뿐 기억은 지워지지 않는다. 포켓몬 빵 열풍을 보라. 포켓몬 빵 출시 일주일 만에 150만 개 판매를 돌파했다. 과거 포켓몬 빵이 처음 출시됐을 때처럼, 재출시되자 품귀현상이 생겼다. 방탄소년단 RM 또한 인스타그램 스토리에 '제발 더 팔아주세요'라며 편의점에서 구매한 포켓몬 빵 사진을 올렸다. 빵을 구매하기 위해 편의점 8곳을 들렀다고 한다. 포켓몬 빵에 추억을 가진 BTS 94년생 리더 RM도 열풍을 피해 갈 수 없었다. 이처럼 어린 시절을 추억하며 힐링하는 것은 소비자에게 행복이다. 수십 년 역사를 가진 기업들이라면 '소비자들의 어린 시절 추억을 소환하는 것'도 좋은 마케팅 방법의 하나가 될 것이다.

디지털 농부의 SNS성공 키워드, 진정성

디지털 농업

|||||||||||||||||||||||||||||||||||||||||||||||||||||||||||||||||||||||||||||||||||||||||||

이제는 농사짓는 방법도 바뀌고 있다. 저 멀리 시골에서 농부의 땀으로 만들어낸 농사 시대는 저물고 농사에도 디지털이 접목되기 때문이다. 디지털은 전방위적으로, 분야를 가리지 않고 퍼져나간다. 강원도 평창에서 고랭지 배추 농사를 지으면 가락동 농수산물 시장에서 밭떼기로 구매했다. 홍천의 블루베리 농장은 굳이 블로그나 SNS를 안 해도 매년 자신들이 키운 블루베리가 잘 팔려나가는 흐뭇함에 빠져 살았다. 그런데 코로나19가 세상을 덮치고 모든 유통의 체계가 흔들렸다. 언택트, 비접촉의 시대에는 온라인의 힘을 빌리지 않고는 그 어떤 물건도 제대로 팔기 힘든 상황이 되었다.

마케팅은 결국 필요를 찾아가는 기술이다. 고객의 니즈를 발굴하고 그

디지털팜, 스마크팜 제시 예

니즈를 자극해서 제품의 팬덤을 만들어야 한다. 그 팬덤이 전통의 시장 방법으로는 만들어낼 수 없다. 그래서 이제 생존의 몸부림이라 할지라도 60대, 70대 농부들도 스마트폰으로 농사를 관리하고 인스타그램에 하루 하루 자라는 농작물들의 일지를 써나간다. 이제 SNS는 젊은 청춘들만의 놀이 기구나 전유물이 아니다. 디지털은 예측을 못 할 정도로 진화하고 있다. 그 진화의 엄청난 속도에 나름 디지털 첨병이라고 할 수 있는 필자도 놀라는 일이 많이 생긴다.

어느 날 지하철을 타고 누군가를 만나러 가는데 할아버지 한 분이 스마트폰으로 비닐하우스의 무언가를 작동하고 계셨다. 그것은 바로 말로만 듣던 'AI 농사'였다. 젊은 나 자신이 할아버지보다 한참 뒤처진 느낌이 들 정도였다.

인공지능AI과 결합한 디지털 농업은 계속 진화할 것이다. 노동집약형 농업에서 자본과 기술이 결합한 농업으로 전환하는 과정은 거스를 수 없는 대세가 되고 있다. 도시인들이 책상 위에서 텃밭을 가꿀 수 있는 스마트팜도 확산하는 중이다. 내 책상 위에서 상추가 자라고 그걸 점심때 따서 먹는다는 사실 하나만으로도 SNS를 뒤흔들 재미 요소가 있다. 뭔가 다른데 재미있고 유익하며 새롭다. 그런데 이 '뭔가 다른 데'에서 꼭 필요한 요소가 하나 있다. 그건 바로 진정성이다. 이는 모든 SNS 마케팅의 필수 요소다. 어느 순간 억지와 가식과 위장과 포장이 붙으면 역풍을 맞는다. 그냥 소소하게 재미를 만들고, 세상의 유익함을 만들어가는 그 모습에 SNS는 열광한다.

디지털 기술이 접목되면 농산물 재배만이 농업 밸류체인 전체가 변화될 것이다. 농자재 산업과 바이오산업, 유통시스템 등도 다 바뀌게 된다. 디지털 농업, 디지털 농부는 대세가 될 것이다. 그러나 그 큰 흐름에서도 잊지 말아야 할 것이 바로 진정성이다. 누가 알아주지 않는데 자기만의 뚝심으로 벌꿀 농사를 하고, 토마토나 딸기를 재배한다.

그런데 그 농부가 일상 사진도 잘 찍어서 SNS에 올린다. 내가 키운 것들이니 애정을 갖고 가꾸고 그걸 세상 사람들에게 알린다. 그 모습이 좋아 보여 사람들이 '그거 좀 살 수 없느냐'고 묻는다. 그렇게 판매를 자극하고, 이를 계기로 매출이 오른다. 여기서 중요한 점은 바로 자연스러움이다. 무언가를 팔기 위해 억지를 부리지 않는다는 것이다. 그저 내 할 일을 하고 그것을 SNS에 올린다. 그런데 그렇게 재배한 농작물이 너무

바이오랩 디지털 농부되기 포스터 이미지

맛있어 보인다. 바로 그 지점이 SNS 마케팅의 성공 스폿이다.

스탠퍼드대 경영대학원 교수인 글렌 캐럴Glenn Carroll은 진정성에 대한 중요성을 언급하며 소비자들의 '가치소비' 경향을 얘기한 바 있다. 대기업들이 진출한 사업에서 틈새시장을 뚫으려면 제품에 누구든 감동하게 할 만한 가치를 담아야 한다는 것이 그의 주장이다. 그냥 'SNS가 세상의 흐름이니 나도 거기에 편승해 볼까?' 하는 가벼운 마음으로 접근하면 안 된다는 이야기다. 농부, 농사로서의 진정성이 먼저다. 농부로서의 철학이 필요하다. 그리고 그 작은 마음이 세상에 퍼져나가도록 해야 한다. SNS는 그 철학을 퍼뜨리는 도구일 뿐이다.

화려하게 포장된 마케팅은 잠시 소비자들의 시선을 끌 수 있지만 오래 가지 않고 대박의 불을 붙이기 힘들다. 그러나 진정성을 갖춘 따뜻한 마

월간 〈디지털 농업〉 잡지 표지

케팅은 소비자의 마음을 끈다. 소비자를 행복하게 할 수 있는 진정성을 담은 마케팅은 뚝배기처럼 오래 지속된다. 이는 기업뿐만 아니라 개인 계정도 마찬가지라고 할 수 있다.

봄에 씨앗을 뿌리면 여름의 뙤약볕을 견디고 모진 비바람과 태풍을 맞아가며 버텨야 비로소 열매를 맺을 수 있다. 그것이 바로 농사고 그런 것이 자연의 이치다. 온라인 마케팅도 농사와 같다. 씨를 뿌려야 열매를 맺을 수 있고 그때까지 견디고 지속해야 열매도 맛보게 된다.

디지털 농부의 SNS 성공 포인트

팔로어 수를 늘리기 위해, 혹은 단기간에 성과를 내기 위해 교묘한 방법으로 소비자를 유혹하는 마케팅의 시대는 지났다. 잘 포장된 광고나 이벤트에 사람들이 자주 속아 넘어가기는 하지만, 그 지속성은 장담할 수 없다. 농사에 대한 본질과 농사의 스토리가 중요하며 좋은 농산물을 만드는 그 마음이 중요하다. 고객을 가족처럼 여기고, 그만큼 싱싱한 농산물을 판매한다는 그런 진정성이 느껴져야 고객도 마음을 움직인다.

만약 당신이 농사를 짓고 있다면 피땀 흘려서 노력하는 모습을 SNS를 통해 잘 보여주자. 이야기가 쌓이다 보면 언젠가 그 가치도 발한다. 현재 인스타그램 마케팅도 활발하다. 작물의 성장 과정을 꾸준히 포스팅하다 보면 수확기에 그 진가가 발휘될 수 있다. MZ 세대에게는 인스타그램 쇼핑도 보편적이고 해시태그로 신규 고객을 유입하기도 쉽다. 이제는 농부도 인스타그래머, 블로거, 유튜버, 마케터, 쇼호스트로 거듭나고 있

청하농원 이은주 농부 페이스북

(출처: 청하농원 팜[Farm] 네이버 메인 사진(3번째) - 이은주 농부 블로그에서 발췌)

다. 요즘은 생산자와 소비자가 실시간 소통을 통해 물건 구매가 가능한 라이브 커머스도 대세다. 쇼호스트들도 떠오르고 있지만, 말 잘하는 전문 쇼호스트보다 피땀 흘려 농사지은 농부가 나와 자기가 한해 농사지은 농작물을 소개한다면 얼마나 인간적일까. 실제로 전북 김제 사과, 배를 재배하는 청하농원에서도 농업기술센터에서 배운 디지털 교육을 바탕으로 라이브 방송을 진행했다. 사과 80톤을 한 달 만에 완판했다고 한다. 실시간 방송으로 작물의 성장 과정을 소개하고 꾸준히 시청자와 소통하여 신뢰를 쌓은 것이 성공의 비결이라고 한다. 꾸준한 소통으로 내 상품에 신뢰를 쌓아보자.

언택트 시대, 사람들은 왜
라이브 서비스에 열광할까?

라이브 커머스

||||||||||||||||||||||||||||||||||||||||||||||||||||||||||||||||||||||||||||||||||||||||||||||||||||||||||||

코로나19는 우리의 일상을 완전히 바꿔 놓았다. 누구를 만날 수도 없었고, 여러 명이 함께 어울릴 수도 없었다. MT나 워크숍은 이제 과거의 일이 되었다. 이러한 비대면 시대에 일명 '방콕 배달문화'는 대세가 되었다. 사람들과 소통하려면 인터넷을 사용할 수밖에 없다. 선생님과의 대화도 줌 미팅으로 한다. SNS를 자유자재로 다루는 한국인은 지금의 비대면이 어색하지는 않다. 오히려 더 다양한 사람들과 실시간으로 소통한다. 그리고 이는 라이브 방송으로 이어지고 있다.

우리는 과거, 아니 불과 몇 년 전만 해도 주로 TV홈쇼핑으로 물건을 사고, 인터넷으로 책을 샀다. 아니 이 문화는 여전히 활약하고 있다. 그런데 코로나19 이후 각 개개인의 라이브 커머스 문화가 생겨났다. 〈매일경제〉

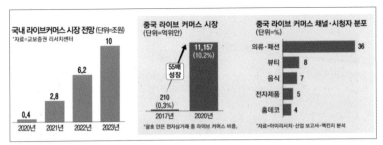

국내 라이브 커머스 시장 전망
(출처: 매일경제)

데이터에 의하면, 국내 라이브 커머스 시장은 매년 엄청난 속도로 성장하고 있으며, 중국의 경우 17년과 20년 대비 55배 성장할 정도로 엄청나게 빠르게 성장함을 알 수 있다. 이제는 온라인으로 무엇을 파는 것이 기업들만의 전유물이 아니라 개개인의 문화로 확산하였다. 내가 팔고 싶은 무엇인가를 실시간으로 교류하면서 팔 수 있다.

2021년 9월, 앱애니가 발간한 '소셜 미디어 앱의 진화' 보고서는 2021년 상반기에 전 세계적으로 짧은 형식의 비디오 콘텐츠 및 라이브 스트리밍 플랫폼이 급성장했다고 발표했다. 특히 라이브 스트리밍 분야 상위 5개 앱의 지난 3년 연평균 성장률이 25%를 기록했다고 한다. 사진 및 비디오 앱의 연평균 성장률 15%를 뛰어넘는 수치다. 틱톡 등 짧은 영상이 인기를 끈 이유가 여기에 있다.

SNS 시장은 새로운 트렌드에 대한 욕구가 강하다. 코로나19로 인해 비대면 서비스들에 대한 욕구와 활용이 많아졌다. 비록 비대면이지만 영상이나 음성으로 자유롭게 취향과 일상을 공유한다. 연령대에 따라 사용하는 채널은 조금씩 다르고, 빈도의 차이는 있지만 모두가 온라인이라는 세상에서 살아간다. 카카오톡을 비롯하여 유튜브, 밴드, 쿠팡, 마켓컬리 등

하쿠나라이브 및 쇼핑라이브 화면 이미지

다양한 서비스를 활용한다. 그리고 추가로 라이브 커머스나 라이브 영상
들은 점점 이용자가 늘고 있다. 여기에 발맞춰 라이브 방송에 열광하는
사람들을 잡기 위해 국내외 플랫폼도 더 활발해지는 중이다.

　도대체 어떤 라이브 서비스가 인기를 끄는지 대표적인 사례를 하나 들
어보겠다. 글로벌 영상 기술 기업 하이퍼커넥트가 2019년 출시한 소셜
라이브 스트리밍 서비스 '하쿠나 라이브'는 양방향 소통 기능으로 MZ 세
대의 뜨거운 사랑을 받았다. 기존 라이브 스트리밍 서비스는 방송 호스
트가 일방적으로 방송 게스트에게 이야기를 전달했던 반면, 하쿠나 라이
브는 분할 화면으로 최대 4명이 동시에 방송할 수 있는 '멀티 게스트 모
드'를 지원했다. 이는 독보적인 웹RTCReal Time Communication 기술이 있어

가능했다. 웹RTC는 실시간 통신 기술로, 하이퍼커넥트가 세계 최초로 모바일 환경에 상용화했다. 지연 없이 방송을 진행하며, 퀴즈쇼와 랩 배틀 등 다양한 콘텐츠도 제작한다. 어느 통신환경에서도 안정적으로 소통할 수 있다. 하쿠나 라이브는 6명이 동시에 이야기를 나눌 수 있는 '그룹 라이브' 기능을 2021년부터 도입했다. 시청형 콘텐츠와는 달리 소규모로 서로 이야기를 나누는 공간으로 소소한 일상 공유부터 고민 상담까지 활발한 소통이 이뤄진다. 얼굴 노출에 대한 부담이나 라이브 방송에 익숙하지 않은 유저들은 'AR 아바타' 기능을 활용해 쉽게 라이브 방송을 즐길 수 있다.

라이브 커머스 시장은 어떨까? 코로나19의 장기화로 집콕족이 늘어나고 언택트 트렌드가 확산하면서 유통가의 주요 쇼핑 채널로 라이브 커머스가 급부상했다. 상품 판매 수단이 방송 홈쇼핑을 넘어 MZ 세대들의 눈높이에 맞춘 언택트 쇼핑으로 전략을 바꾼 것이다.

롯데월드 부산점 네이버 메인 광고 배너

특히 라이브 커머스의 경우 TV 홈쇼핑과는 달리 심의 규제가 없어서 젊은 소비자들과 더 다양하게 연결될 수 있었다. 라이브 커머스는 개인 커머스부터 기업 커머스까지 스펙트럼이 다양하다. 개인 커머스는 네이버 스마트 스토어 라이브 방송 등으로 판매를 늘리고 있고, 기업들이라면 상품기획자가 소비자와 소통하며 상품을 소개하기도 한다.

모델 출신이자 인플루언서영향력 있는 개인, Influencer인 아옳이 김민영은 '로아르'라는 브랜드를 운영하고 있다. 그녀는 한 달에 한 번 마켓을 오픈하는데 마켓 오픈 기간은 일주일이다. 마켓이 열리면 미리 제작된 옷은 1차 주문으로 즉시 발송되며, 2차로 주문하면 주문 제작되어 옷이 도착한다. 인플루언서이자 대표인 그녀가 직접 옷을 만들고, 인스타그램에도 로아르 옷이 항상 노출되기 때문에 많은 이들의 관심을 끌고 있다. 코로나 19 와중에도 매출이 5배 이상 뛰었다고 한다(출처: https://www.sedaily.com/NewsView/1Z5AEI3XL9).

아옳이 김민영은 마켓이 오픈하기 1~3일 전이면 인스타그램을 통해 라이브 방송을 연다. 매번 수천 명이 라이브 방송에 참여하고 질문을 주고받으며 한 시간 이상 방송하기로 유명하다. 한 달 매출이 10억 원이 넘는다고 알려져 있는데, 이에는 인스타그램과 라이브 방송이 한몫하고 있다.

게임도 라이브 시장에서 그 역할을 늘리고 있다. 게임 스트리밍 플랫폼인 '트위치'는 e스포츠 프로게이머, 연예인, 인플루언서가 게임 팬과 소통하는 창구로서 MZ 세대와 e스포츠 경기를 함께 즐기기 시작했다. 단순히 게임 플레이를 보는 것에 그치지 않고, 자신의 플레이를 공유하는 사람들이 늘어난 것도 색다른 트렌드다. 트위치는 콘텐츠가 다양해지면서 일상을 공유하는 플랫폼으로 확대됐다. 트위치의 대표 콘텐츠를 보면, 일상생활을 나누는 '저스트 채팅Just Chatting', 음악에 특화된 '뮤직 앤드 퍼포밍 아트Music & Performing Arts', 요리와 관련된 '푸드 앤드 쿡Food & Cook' 카테고리 등이 눈길을 끈다.

영상이 아닌 목소리만으로 실시간 소통하는 오디오 플랫폼도 인기를 끌고 있다. 2021년 초 오디오 SNS 열풍을 이끌었던 클럽하우스를 시작으로, 음원 플랫폼 스포티파이의 그린룸, 페이스북의 오디오룸, 트위터의 스페이스 네이버 나우Now 등, 소셜 오디오 시장 경쟁도 매우 뜨겁다. 오디오 플랫폼은 텍스트, 이미지, 영상과는 다르게 멀티태스킹이 가능하고, 얼굴을 드러내지 않고 부담 없이 소통할 수 있어 MZ 세대의 호응을 얻고 있다. 콘텐츠 제작이 상대적으로 편리한 오디오 시장은 지속해서 성장할 것으로 예측한다.

라이브 방송을 통한 SNS 성공 포인트

라이브 스트리밍이 성장할 수 있었던 이유는 무엇일까? 바로 MZ 세대의 취향을 그대로 반영했기 때문이다. 하쿠나 라이브는 소규모 라이브 서비스를 제공함으로써 이용자를 공감하게 했다. 트위치는 게임을 시작으로 일상까지 파고들어 MZ 세대의 이목을 끌었다. 오디오 플랫폼의 경우, 멀티로 콘텐츠를 소비함과 동시에 쉽게 콘텐츠를 생산할 수 있다. 비대면 언택트 시대라고 해도 이제 라이브 방송에서 더욱 다양한 사람들과 실시간으로 소통할 수 있는 길이 열렸다. MZ 세대는 누구보다 그 플랫폼을 잘 이해하고 있으며, 그 효과를 스펀지처럼 흡수한다. 라이브 시장에서 성공하려면 이 플랫폼에 대한 이해도가 우선이다.

네이버는 라이브 서비스인 쇼핑 라이브가 시작한 지 11개월 만에 누적 시청 수 3억 5천만 회, 누적 거래액을 2천 500억 원을 기록했다고 밝혔다. 카카오 쇼핑, 배민 등이 그 뒤를 따르고 있다. 지금은 다양한 플랫폼 공간에서 사람들이 모여 실시간으로 소통이 가능하다. 그동안 한 방향이었던 TV를 생각해 보라. 새로 생긴 쌍방향 소통 플랫폼에 MZ 세대는 물론이고 4050 계층까지 금방 익숙해진다. 그러므로 이미 활성화된 플랫폼에 입점해 라이브 방송을 통해 소비자들과의 소통을 시도해 보자.

2022년, MZ 세대의 속마음을 꿰뚫는 기업이 살아남는다

네파, 까사미아 등

이제 대한민국의 모든 마케팅에서 MZ 세대를 빼놓고는 이야기할 수가 없다. 그들의 구매력, 그들의 파급력은 앞선 다양한 사례에서도 언급했듯이 엄청나다. 그들의 흥미, 그들의 패턴만 잘 분석하면 기업들은 크게 비용을 들이지 않고 제대로 된 마케팅 효과를 톡톡히 누릴 수 있다. 코로나19로 자영업자들의 속이 타들어 가지만 온라인 시장의 활성화로 그 분야의 종사자들은 나름 콧노래를 부르고 있는 것도 이들 MZ 세대들의 취향을 제대로 저격했기 때문일 것이다. 앞으로도 계속 이들의 입맛에 딱 맞춘 맞춤형 마케팅이 인기를 끌 것으로 보인다.

이번에는 아웃도어 브랜드 네파를 살펴보자. 네파는 MZ 세대를 겨냥한 아주 다양한 마케팅 활동을 펼치는 대표적 브랜드로 손꼽힌다. 네파

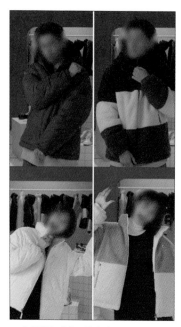

네파 틱톡 패리스 챌린지(크러쉬 x 신예은)

는 소셜 채널에서 높은 호감도 및 충성도 높은 팬층을 보유한 크러쉬와 신예은을 앰배서더로 선정했다. 또한 옷으로 자신을 표현하고, 자신의 개성을 스타일링을 통해 여과 없이 보여주는 것에 익숙한 그들과 효과적으로 소통하기 위해 그들이 선호하는 플랫폼을 선택했다. 유튜브를 통해 크러쉬와 신예은이 코디 대결을 펼치는 좌충우돌 에피소드도 재미를 끈다. 네파 패리스의 앞면과 뒷면을 번갈아 입는 것의 챌린지는 틱톡 영상 100만 조회 수를 달성할 정도로 뜨거웠다. 네파는 SNS의 성공요인, 즉 '요즘 패피'와 '요즘 플랫폼'을 집중적으로 공략하였다. 더불어 10대들에게 영향력이 높은 스타일쉐어와 함께 '스쉐 라이브'를 진행하는 등 마케팅 영역도 점차 확장해 가고 있다.

이번에는 까사미아를 살펴보자. 신세계의 리빙&라이프 스타일 브랜드 까사미아는 라이프 스타일 전문 온라인 몰을 론칭해 국내외 180여 개 브랜드의 리빙 아이템을 만나볼 수 있는 플랫폼을 만들었다. 업계 최초로 '커머스 & 커뮤니티'라는 개념을 도입해 인테리어 팁부터 숙면, 디자인 등 일상생활과 밀접한 주제로 엔터테인먼트 요소를 접목한 게 돋보인다. 정보가 재미를 만나면 그 효과가 배가 된다는 걸 알아챈 것이다. 까사미아는 MZ 세대를 사로잡기 위한 라이브 커머스에도 적극적이다.

2022년, 7월 현재 네이버 라이브 방송이 유행인데 까시미아도 네이버와 함께 까시미아 브랜드 데이를 진행하며 베스트셀러 가구를 특별 할인가에 판매하는 라이브 방송을 시도해 큰 눈길을 끌었다. 까시미아 외에도 패션, 뷰티 브랜드들이 MZ 세대들과 소통하기 위해 라이브 커머스, 리뷰 콘텐츠 등을 적극적으로 활용하고 그들이 빠르게 반응하는 플랫폼과의 소통도 능동적으로 이용한다.

MZ 세대들은 레트로에도 관심이 많다. 그들에게는 레트로가 과거의 것이 아닌 새로운 것으로 다가 오기 때문이다. 〈오징어 게임〉으로 과거 아재들의 게임이 전 세계에 알려졌듯이 이제는 과거의 재미가 그저 아재의 전유물만은 아닌 게 되었다.

겨울 대표 간식이라면 무엇이 떠오르는가? 바로 호빵이다. SPC 삼립은 참신하게도 USB와 연결된 호빵 미니 찜기를 선보였다. 이는 MZ 세대의 마음을 제대로 직격했다. 카카오톡 선물하기를 통해 판매된 이 찜기는 판매 시작한 지 1시간 만에 2만 개가 동이 날 정도로 대박이 났다. 롯데푸드는 휴대폰 케이스 전문 업체 케이스 갤러리와 협업하여 돼지바, 빵빠레, 파스퇴르 우유 등을 활용한 휴대폰 케이스를 선보여 MZ 세대와의 소통을 확대하고자 노력 중이다.

이처럼 레트로 자체가 하나의 트

인스타그램 레트로카페 해시태그 검색 결과

렌드가 되고 있다. 레트로 상권도 새로운 시장의 히든카드로 주목받고 있는데, 주요 소비층은 바로 MZ 세대이다. 레트로는 그들에게 촌스러움 속에서 신선함과 호기심을 주고 기성세대에게는 향수를 주기 때문에 인기가 높다.

MZ 세대를 공략한다고 그들의 마음만 흔드는 게 아니다. 그들의 반응은 연쇄적으로 다른 세대들에게 퍼져나간다. 결국 MZ 세대를 시작으로 그들을 통해 다른 세대의 관심과 구매까지 확장하기 때문에 기업들이 MZ 세대 마케팅에 더 적극적일 수밖에 없다.

MZ 세대의 마음을 공략했느냐 안 했느냐는 회사의 매출을 좌지우지 하기도 한다. MZ 세대 신입사원 50%가 2년 이내 퇴사를 결정한다고 한다. 2020년 잡코리아와 알바몬이 취업 준비생과 직장인을 대상으로 진행한

Lisa Lee 1년 전
에듀윌하면 뭔가 로고송때문인지 되게 익숙한 기업이라는 느낌이 들어요. 장성규님 기업탐방 시리즈 영상 정말 잘보고 있습니다. 항상 영상마다 진정성도 느껴지고 감사합니다. 특히 주 4일 제 출근 정말 매력적인 것 같네요
👍 26 👎 답글

김용기 1년 전
경연진 4점 주면서 한 말은 정말 멋졌다
사랑해 형..
👍 2천 👎 답글
▼ 답글 8개 보기

의대생리학 1년 전
부산 지하철 안에서 에듀윌 송 듣던 때가 기억납니다. 장교 불명예제대되고 사회에서 진로 결정을 못해서 이것저것 조금씩 해보면서 죽지 않고 버티는 생활의 연속이었습니다. 공무원도 강사도 몇년은 꾸준히 해야 하나라도 제대로 자리 잡고 이룰 수 있다는 것을 깨달았습니다. 저랑 같이 의전원 다니던 의사들이 부산에서 의사로 근무하는 것을 알게 되면서, 나는 지금 무엇을 하...
자세히 보기

워크맨 댓글
(출처: 서경석도 합격한 에듀윌 복지 실화냐 주 4일에 전문 마사지사도 있음 |
공무원 | 공인중개사 | 에듀윌 | 워크맨 | 기업탐방 Ep.8)

설문조사에서 의하면, 56.4%가 '직업을 통해 개인의 역할 향상과 발전을 이루고 싶다'라고 생각했다. MZ 세대는 퇴사를 두려워하지 않는다. 그래서 이제는 더욱 복지에 신경을 기울인다. 반려동물 동반 출근, 주 4회 근무, 집 청소 서비스 등 각종 사내 복지가 예전에 비해서 많이 바뀌어 가고 있다. MZ 세대는 조직이 나의 미래를 책임질 것이라고 생각하지 않고 내가 얼마나 성장할 수 있는가에 관심을 가진다. 더불어 차별화된 회사 복지 제도도 연봉만큼이나 중요하게 여긴다.

기업들의 MZ 세대 SNS 성공 포인트

단순한 재미만으로는 안 된다. 무언가 스토리가 있어야 하고 그것이 억지스럽지 않아야 한다. SNS는 일상이므로 그 속에 각 기업의 제품 스토리가 자연스럽게 스며들어가는 것이 좋다. 그 자연스러움이 MZ 세대를 움직이기 때문이다. 지금도 SNS 상에서 MZ 세대는 나비효과를 일으키고 있다.

MZ 세대는 여러 세대와 거미줄처럼 엮여 있다. 디지털 시대가 시작한 지는 사실 얼마되지 않았다. 2009년, 스마트폰이 출시되면서부터 시작되어 가파르게 성장하는 중이다. 스마트폰 보급률 전 세계 1위인 우리나라에서 디지털을 신경 쓰지 않는다는 건 사실 말이 안 된다. 더 나아가 나이가 디지털의 숙련도를 증명하지는 않는다. 지금은 발빠르게 적응한 MZ 세대에게 역으로 물어보는 경우도 많다. 그러므로 그들의 마음을 뒤흔들 아이템을 찾아야 한다. 더불어 MZ 세대를 고객을 잡기 위해서는 MZ 세대의 직원도 공략해야 한다. MZ는 MZ가 제일 잘 안다는 판단으로 MZ 세대인 직원을 주축으로 팀을 꾸리는 일도 많아졌다고 한다. MZ 세대가 자꾸 퇴사하는 회사가 아니라 그들이 계속 오고 싶은 회사로 거듭나야 직원도 기업도 윈윈할 수 있기 때문이다.

초기 시장 진입에 성공한
온라인 동영상 스트리밍 서비스

넷플릭스의 SNS

콘텐츠 플랫폼인 넷플릭스의 이용자가 점점 늘어나고 있다. 별도의 비용으로 영화를 다운로드하지 않아도 넷플릭스에서는 저렴하게 무한정 콘텐츠를 즐길 수 있다. 대표적인 온라인 동영상 스트리밍 서비스로 자리잡은 넷플릭스는 인터넷으로 영화나 드라마를 볼 수 있는 미국의 회원제 주문형 비디오 웹사이트다. 초창기인 1997년에는 인터넷으로 DVD를 대여하는 서비스를 했는데, 인터넷이 활성화되면서 2009년부터는 어디서나 누구나 쉽게 넷플릭스를 이용할 수 있도록 기반을 더욱 확대하였다.

넷플릭스는 코로나19 이후에도 엄청난 주가를 올리고 있으며 콘텐츠의 양과 질 모두 사람들의 시선을 사로잡을 만할 정도로 업그레이드해놓았다. 현재 4천 200만여 장의 영상물을 보유하고 있으며, 시장조사 기관

넷플릭스 공식 홈페이지 첫 페이지

인 컨슈머인사이트 조사에 따르면, 국내 온라인 동영상 서비스OTT 점유율 60%를 넷플릭스가 차지한다고 한다(2022년 3월 17일 자료).

국내에서도 넷플릭스 자체 제작 콘텐츠인 〈킹덤〉을 통해 유입 고객을 늘린 넷플릭스는 체험형 마케팅으로 성공한 경우이다. 일단 한 달간 먼저 무료로 체험하게 하고 마음에 들지 않으면 회원에서 탈퇴해도 좋아지도록 하였다. 소비자들의 경계심을 허물어버린 이 전략은 나름 성공해서 한 달 무료 이용을 체험한 고객이 탈퇴하는 일은 그리 많지 않았다.

넷플릭스는 누구나 쉽게 접근하도록 SNS를 비롯한 다양한 매체를 적극적으로 활용하였다. 앱, 카톡, 유튜브, 홈페이지, 게임 등에 활발한 마케팅 활동을 전개하여 소비자 노출을 늘렸다. 넷플릭스의 사진과 동영상은 공유 앱인 스냅챗을 통해 자연스럽게 노출되게 하였다.

넷플릭스의 마케팅은 2013년에 절정을 이룬다. 바로 SNS 마케팅(공유 기능)을 적극적으로 도입한 것이다. 넷플릭스는 2013년 3월, 소셜 기능을 추가하여 넷플릭스 이용자들이 시청한 영화나 드라마 리스트를 페이스북 친구들과 공유하도록 하였다. 이를 통해 친구들이 어떤 영화를 좋아하고 요즘은 어떤 드라마에 빠져 있는지를 한눈에 알 수 있고 서로 호기심과 재미를 자극하게 된다.

넷플릭스가 온라인에서 혹은 SNS 마케팅으로 성공한 요인은 고객 맞춤형 마케팅을 전개했기 때문이다. 이 고객 맞춤형을 성공시키는 데 혁혁한 공을 세운 것은 넷플릭스만의 알고리즘이다. 고객들이 선호하는 콘텐츠들이 데이터로 쌓여 맞춤형 추천 영화로 반영된다. 그리고 이 시스템에 대한 만족도가 SNS를 통해 고객들 사이로 퍼져나가 바이럴 마케팅까지 자연스럽게 확대된다.

요즘은 데이터 시대라고 한다. 하지만 그 데이터를 어떻게 활용하느냐에 따라 기업의 매출이 요동친다. 넷플릭스는 빅데이터를 맞춤형 알고리즘으로 활용했기에 꾸준히 고객 유입을 늘리고 매출을 극대화할 수 있었다.

넷플릭스 〈소년 심판〉 및 공유기능

넷플릭스 코리아는 한 발 더 나간 기발한 마케팅을 전개한 적이 있다. 강남역 곳곳에는 이상한 조형물이 설치되었는데 이건 우주 쓰레기가 지구에 떨어졌다는 콘셉트를 반영한 조형물이었다. 이 조형물에는 '2월 5일 승리호가 수거 예정'이라는 문구가 적혀 있었는데, 이는 넷플릭스가 직접 제작한 영화 〈승리호〉의 홍보물이었다. 이것은 당연히 네티즌의 호기심을 자극해서 너도나도 SNS에 이 조형물을 퍼 나르기 시작했다.

인스타그램에는 '정체불명의 강남역 우주선'이라는 제목으로 다양한 콘텐츠가 올라왔다. 강남역을 지나간 이들 중 이 조형물을 본 사람은 "나도 저거 봤어"라며 호응했고, 고객들은 넷플릭스가 참 마케팅을 잘한다고 칭찬을 쏟아냈다.

넷플릭스는 어디에 살든 상관없이 모든 사람이 좋아할 만한 이야기를 TV 프로그램, 영화, 다큐멘터리 등으로 만날 수 있게 했다. 추천 알고리즘, 알고리즘의 연관성을 연결 짓는 빅데이터, 막강한 대량 콘텐츠. 넷플릭스의 성공 요인은 이 3가지로 요약된다.

넷플릭스는 추천 알고리즘을 통해 가입자가 하나하나 콘텐츠를 찾는 것이 아니라 몇 개의 시청 기록을 가지고 그 취향에 알맞은 콘텐츠를 추천하는 서비스를 했다. 그리고 그에 걸맞게 수많은 콘텐츠와 콘텐츠에 대한 분석을 시도했다. 가입자에 대한 불편함 해소와 그저 단순히 영상을 찾아보는 것을 넘어서 동영상 미디어 자료에 대한 새로운 시각을 제시했다고 볼 수 있다.

넷플릭스의 마케팅 성공 요인을 다시 한번 정리하면, 서비스에 대한 자신감을 바탕으로 한 한 달간의 무료 체험 이벤트가 그 첫 번째이다. 이 한 달 체험이 정기 구독으로 이어질 수 있다는 자신감이 있었다. 넷플릭스

강남역 거리 넷플릭스 '승리호' 포토존

의 이 체험 마케팅을 이제는 대기업도 많이 시행한다.

두 번째 요인은 넷플릭스만의 콘텐츠 제공이다. 넷플릭스는 자체적 소유권을 가질 수 있는 오리지널 콘텐츠를 제작하기 시작했다. 소비자들의 입장에서는 새로운 콘텐츠를 시청할 수 있고 넷플릭스는 콘텐츠 저작권에 대한 안정성을 가질 수 있어 안정적 수익을 창출할 수 있었다.

세 번째는 알고리즘으로 인한 맞춤 콘텐츠 제공이다. 이는 소비자의 편의에 큰 도움을 주었다고 평가받는다.

넷플릭스의 SNS 성공 포인트

체험 마케팅, 맞춤형 마케팅 등 다양한 활동을 펼쳐 고객들이 자연스럽게 모여들도록 한 것이 성공 요인 중 하나였다. 넷플릭스는 2013년, 소셜 기능을 추가해 시청 영화나 목록을 페이스북 친구들에게 공유할 수 있게 하였고, 인스타그램 계정에서의 티저 비디오를 포스팅하여 해당 게시물에 대한 궁금증을 유도해 넷플릭스 유입률을 높였다. 실제로 인스타그램은 빠질 수 없는 마케팅 수단으로 그 역할을 했고, 인스타그램 내에서의 알고리즘 또한 적절히 잘 활용했다.

과거에는 주로 집안의 부모님이 TV의 주도권을 가졌다. 그래서 자녀들은 흥미 없는 방송을 억지로 신청해야 했지만 이제는 스마트폰을 통해서 자신이 원하는 걸 마음대로 볼 수 있다.

하지만 너무 많은 콘텐츠 속에서 내 마음에 쏙 드는 것을 찾는 것도 일이다. 넷플릭스는 고객들에게 그러한 수고를 덜어 줬고, 고객들은 내 취향의 콘텐츠를 공유하면서 또 하나의 콘텐츠가 만들어졌다. SNS가 선순환하기 시작하면 순식간에 퍼지기 쉽다. 첫 진입 장벽도 낮추었다. 첫 달 무료 체험으로 매력에 빠지게 한 뒤, '이 정도 금액은 투자할만하네' 하고 쉽게 다음 단계로 넘어가게 하였다. 지금은 첫 달 무료 서비스를 많은 기업이 채택하고 있다. 이처럼 소비자들이 긍정적으로 경험할 만한 요소를 만들고 그것을 통해 고객이 되도록 하는 전략을 갖추어야 한다.

혼쭐 대신 돈쭐 내줄
팬슈머 얻는 최선의 방법

CSR 마케팅

요즘 기업들은 기업의 사회적 책임을 CSR Corporate Social Responsibility 마케팅에 활용한다. 기업의 선한 행동은 굳이 홍보하지 않아도 네티즌들을 통해 SNS에서 서로 퍼 나르는 뉴스감이다. 그런데 이 선행도 홍보를 의도하고 진행한다면 촉수가 빠른 네티즌들에게 걸려들어 오히려 뭇매를 맞는다. 진정성이 없이 무늬만 착한 기업은 결국 들통난다. 선한 행위에도 진정성이 있어야 팬슈머(팬 +컨슈머)가 형성된다.

한때 온라인을 뜨겁게 달군 훈훈한 스토리가 있다. 한 형제가 치킨 가게 앞에 서 있었다. 동생은 치킨을 먹고 싶어 울고 있고, 형은 동생의 손을 잡고 침만 삼키고 있다. 이 형제의 모습을 발견한 치킨 가게 사장님이 형제에게 공짜로 치킨을 먹게 해 준 이야기이다. 이는 일파만파로 퍼져

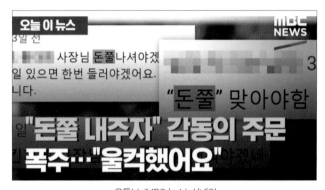

유튜브 〈MBC 뉴스〉 섬네일
[오늘 이 뉴스] "돈쭐 내주자" 감동의 주문 폭주…"울컥했어요" (2021년 3월 1일/뉴스데스크/MBC)

나갔다. 네티즌들은 '혼쭐'이라는 말 대신 "돈줄('돈쭐'이라는 신조어로 회자되고 있으나 여기에서는 '돈을 얻어 쓸 수 있는 원천'의 의미로 표기) 내 주자"라는 말로 SNS 상에 치킨 가게 사장님의 선행을 퍼 날랐다. 각 커뮤니티 공간마다 '좌표 찍어라. 나도 돈줄 내는데 동참하겠다'는 행렬이 이어졌고, 사장님은 몰려드는 손님을 감당 못해서 잠시 영업 중단을 선언하기에 이르렀다.

이 일을 계기로 그 가게는 갑자기 말도 안 될 정도로 주문이 많이 쏟아졌다고 한다. 한 3일 정도는 (주문이) 엄청나게 몰아쳤는데 그 이후에도 매출이 늘어난 상태로 한 2~3주간 유지됐다. 그 사장님의 주문 전표 100여 장에는 "좋은 일에 쓰시라고 주문했다" "뉴스를 보고 기부라도 하고 싶어 주문한다"라는 감사 메시지가 적혀 있었다. 심지어 "돈만 받으시고 치킨은 주지 마세요. 그 친구가 먹고 싶다고 할 때 한 번 주세요"라며 돈만 보낸 고객들도 적지 않았다.

그러나 돈줄 맞은 그 사장님이 부러워서 진정성도 없이 따라 하는 기

유튜브 〈MBC 뉴스〉 관련 화면
[오늘 이 뉴스] "돈쭐 내주자" 감동의 주문 폭주…"울컥했어요" (2021년 3월 1일/뉴스데스크/MBC)

업은 소비자들에게 철퇴를 맞는다는 점도 명심해야 한다. 소비자들은 누가 착한 기업인지 귀신같이 구별해 낸다. 정말 선한 마음으로 소비자를 대하면 굳이 소문내지 않아도 소비자들이 알아서 소문을 퍼뜨리고 돈줄을 내준다. '사람의 마음을 얻으면 돈은 저절로 따라온다'는 명언을 남긴 유명한 창업주도 있지 않은가. 돈을 벌려고 혈안이 되기보다 사람들의 마음을 얻으려고 노력하면 광고비를 많이 안 들여도 소비자들이 알아서 홍보해주는 세상이다.

소비자들은 좋은 기업, 착한 기업도 잘 찾아서 알리지만 나쁜 기업, 악덕 기업도 불매운동을 통해 따끔하게 벌을 준다. 코로나19 사태를 악용한 모 기업의 불매운동도 소비자의 힘을 보여준 사례이다. 그 기업이 급한 불을 끄려고 다른 브랜드로 재기를 모색해도 그것까지 찾아내어 끝까지 혼쭐을 내는 것이 요즘 소비자들이다. 이제는 돈을 벌려면 소비자 무서운 줄 알고 시작해야 한다. SNS 마케팅이 대세이고, 그 덕을 본 기업이 많다고는 하지만 돈만 생각하고 덤벼들면 절대 안 된다.

글로벌 커머스 마케팅 기업 크리테오의 조사에 따르면, MZ 세대의 52%는 친환경·비건 등 자신의 신념과 가치관에 맞는 '미닝 아웃Meaning Out' 소비를 한다고 답했다. MZ 세대는 자신이 지향하는 가치에 맞는 제품을 적극적으로 소비하고 그렇지 않다면 불매운동을 벌인다.

착한 기업에는 돈쭐, 나쁜 기업에는 혼쭐로 공격하는 소비자들의 움직임은 아주 거세졌다. CJ제일제당을 상대로 한 '스팸 뚜껑 반납하기 운동', 매일유업을 상대로 한 '빨대 어택' 프로젝트도 그 한 예이다. 이들의 혼쭐에 당황한 기업들은 즉각 이들의 요구를 반영한 제품을 시장에 내놓기까지 했다. 기업의 최고 운영 책임자까지 나서서 이들의 요구에 답하고 진정성 있는 개선의 모습을 보여줬다.

한때 SNS 상에 미국 아웃도어 브랜드인 '파타고니아'가 화제가 된 적이 있었다. 이 회사는 자사의 재킷을 사지 말라고 광고했다. 재킷의 60%는 재활용 소재를 이용했지만, 이 과정에 탄소 20파운드(약 9kg)가 배출됐고 아무리 오래 입다가 버려도 3분의 2는 쓰레기가 된다는 설명도 덧붙였다. 소비자들은 이런 진심, 이런 친환경 기업에 열광했다. 파타고니아의 이런 홍보전략은 국내에도 바로 먹혀들어서 기본 티셔츠 한 장에 5만~6만 원대로 저렴하지 않은 브랜드임에도 불타나게 팔렸다. 파타고니아코리아의 지난해 매출은 480억 원으로 최근 3년 동안 매년 30% 이상 늘었다.

'돈쭐' 효과는 어느 정도일까? 그 대표적 사례가 페트병 몸체에서 라벨_{상표띠}을 때 분리배출 편의성과 재활용 효율을 높인 '무라벨' 생수다. 롯데칠성음료가 업계 최초로 출시한 무라벨 생수 '아이시스 8.0 ECO_{에코}'는 1년 새(1분기 기준) 판매량이 500% 급증할 정도로 큰 인기를 끌었다. 무라벨 생수가 소비자들의 호응을 얻자 생수 업계는 물론 편의점 업계도 잇따라 자체 브랜드(PB) 생수에서 라벨을 제거하기에 이르렀다. 효과는 엄청났다. 편의점 GS25의 자체브랜드 무라벨 생수는 2배 이상의 매출 신장률을 기록할 정도로 놀라운 성과를 이루었다.

MZ 세대 미닝 아웃의 돈쭐 마케팅 SNS 성공 포인트

돈쭐 마케팅의 성공 포인트는 진정성이다. 돈만 생각하고 모양만 따라 하는 식의 마케팅은 더 큰 실패를 맛보게 한다. MZ 세대들의 가치 소비에 초점을 맞춰야 하고 세상을 조금 더 따뜻하게 만들려는 마음이 중요하다. 배고픈 아이에게 베푸는 선행이 돈벌이의 일환이 되어서는 안 된다. 가장 중요한 건 진정성이다. 진심에서 우러나오는 모습에 사람들은 감동하는 것이다. 돈쭐 사례는 전국 곳곳에서 일어나고 있다. 2022년 3월, 울

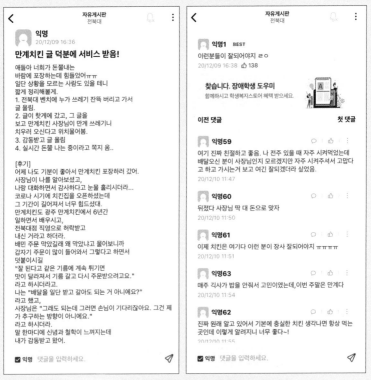

전북대학교 에브리타임 자유게시판

진 산불 현장 무료 음식을 제공한 중국집이나 각 대학교 커뮤니티인 '에브리타임'에서도 핫 게시판에 오르는 일이 종종 있다.

마케팅의 주력 타깃층으로 급부상한 MZ 세대들은 자기 자신을 중심으로 내가 좋아하는 것에 대해 아끼지 않는다. 그들의 가장 큰 특징은 자신의 신념을 알리는 데 적극적이라는 점이다. SNS를 통해 여론을 형성하기에 최적 실시간으로 대란을 일으킬 수 있는 소비층이다. 이들은 자신의 신념을 SNS에 공유하고 소비행위도 적극적으로 표출한다. 이런 이들의 신념을 미닝 아웃이라 하고, 이들은 일명 '착한 기업'에 돈줄을 내는 가치 소비로 보여준다. 이들의 미닝 아웃 돈줄 행위도 마케팅의 일환이 되고 있다. 다만 진정성을 동반하고 가치 소비를 촉진하는 방향이 정확해야 한다. MZ 세대의 가치 소비는 친환경, 동물보호, 인종차별 금지, 공정무역 등 영역을 가리지 않는다. 미닝 아웃 소비 트렌드는 소비의 선순환을 만든다. 이처럼 우리는 개인의 가치와 신념이 마케팅으로 이어지는 시대에 살고 있다.

투자? 어렵지 않게
쉽고 재미있게 고객 눈높이에 맞추다

토스 증권, 카카오페이 증권, 한국투자 증권 등

요즘 증권사에는 젊은 고객들이 많아졌다. '영끌, 주린이'라는 신조어를 만든 젊은 세대가 주식투자의 새로운 트렌드를 이끄는 것이다. 이들은 스마트폰과 각종 앱으로 주식투자에 가볍게 접근한다. 이들이 주식 시장에 새로운 바람을 일으키고 있으며, 증권사들은 이들의 취향에 맞는 다양한 매체와 콘텐츠로 MZ 세대 고객을 확보하는 데 힘을 쏟는다. MZ 세대를 확보하려면 무엇보다 재미가 중요하다. 아무리 유익하고 돈이 된다고 해도 재미가 없으면 MZ 세대는 등을 돌린다. MZ 세대의 이 취향을 증권사도 외면할 수는 없었다. 증권업계의 '펀Fun' 주식투자는 이런 트렌드를 반영한다. MZ 세대들은 투자 역시 쇼핑하듯 쉽고 재미있어야 하기 때문이다.

토스 증권은 2021년, MTS모바일 트레이딩 시스템를 선보이고 '주식 1주 선물 받기' 이벤트로 돌풍을 일으키며 젊은 고객들의 신규 계좌를 대거 유치했다. 이 이벤트는 새로 계좌를 개설하는 고객에게 무작위 추첨으로 주식 1주를 지급하는 방식인데, 특히 '주린이(주식+어린이)' 투자자들이 관심을 보일만한 삼성전자, 현대차, 네이버 등 시가총액 상위 종목을 포함해 총 26개 종목을 대상으로 했다. 이벤트 당시 동시 접속자가 몰리며 한때 계좌개설이 지연되는 일이 발생할 정도로 인기가 많았다. 투자 커뮤니티와 SNS를 중심으로 인증샷과 후기들이 올라오며 화제를 입증했다. 신규 계좌 중 젊은 층의 투자자 비중이 약 70%에 달하는 것으로 나타났다고 토스 증권 측은 밝혔다. 뜨거운 호응으로 토스 증권은 연달아 '주식 1주 선물 받기' 시즌2를 선보였다.

카카오페이 증권은 일상에서 조금씩이라도 투자하는 습관을 키울 수 있도록 설계한 점이 눈에 띈다. 회사 측에 따르면, 2021년 7월을 기점으

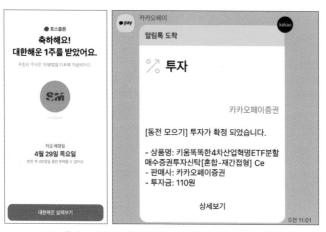

토스 증권 주식 증정 이미지, 카카오페이 투자 확정 카톡 내용

로 누적 계좌 개설 건수는 500만 명을 돌파했다. 카카오페이 증권 계좌는 카카오페이머니 입출금이 수시로 이뤄질 뿐만 아니라, 펀드 투자, 미니 금고, 버킷리스트 등 카카오페이 플랫폼과 연계된 서비스 이용이 빈번한 활성 계좌 성격을 가진다. 카카오톡 내 카카오페이 홈이나 카카오페이 앱에서 '투자 서비스'를 선택하면 펀드 투자에 쉽게 나설 수도 있고, 최소 투자금도 1천 원으로, 부담 없이 펀드 가입이 가능하다. 카카오페이 결제 후 남은 잔돈이 펀드에 자동 투자되는 '동전 모으기', 결제 후 받은 리워드로 투자하는 '알 모으기', 매주/매월 일정 금액을 쌓아가는 '자동 투자' 설정 등도 있다.

MZ 세대는 어렵고 복잡한 투자가 아니라 손쉽고 재미있는 투자에 중점을 둔다. 증권사들이 잇따라 내놓은 '주식 선물하기'는 펀Fun 주식투자 사례로 꼽힌다. 예를 들어, 생일을 맞이한 친구에게 주식을 선물할 수 있다. 주식 선물하기는 온라인 플랫폼을 활용해서 '웹 프렌들리'한 젊은 층에게 손쉬운 투자 입문 채널로 자리매김하고 있다. 개별 주식뿐만 아니라 주식과 펀드의 중간 성격의 상장지수펀드ETF 투자도 가능하다. 국내 주식뿐만 아니라 해외주식 소수점 투자까지 할 수 있다.

한국투자 증권의 경우 2020년 3월, 온라인금융 상품권을 업계 최초로 선보였다. 온라인 쇼핑몰에서 구입한 상품권을 한투 MTS에 입력해 충전하면 사용할 수 있다. 주식뿐만 아니라 채권, 발행어음, ELS주가연계증권 등 다양한 투자 금융상품에 투자할 수 있다. 또한 모바일 해외 주식투자 플랫폼 '미니스탁Ministock'에서 해외주식을 소수점으로 나눠 1천 원 단위 소액 투자도 할 수 있다. 신한금융투자는 2020년 12월, '해외주식 스탁콘'을

1등은 당신처럼 SNS 하지 않는다

카카오톡 선물하기 플랫폼에 입점했다. 카카오 선물하기에서 쿠폰을 사서 지인들에게 선물하거나 해외주식을 0.01주 소수점 단위로 매수할 수 있다. 스탁콘 라인업은 4천 100원 권, 1만 2천 원 권, 2만 5천 원 권, 3만 원 권에서 1만 원 권과 5만 원 권까지 추가됐다. KB증권도 2021년 3월부터 온라인쇼핑몰에서 ETF, 상장지수증권ETN을 포함한 국내주식 전 종목을 매수할 수 있는 금융투자상품 쿠폰을 판매하고 있다. 이베스트투자증권은 2021년 2월 온라인쇼핑 플랫폼을 활용한 주식 상품권 서비스를 시작했다. 하나금융투자(2020년 7월), 교보증권(2021년 1월), 토스증권과 대신증권(2021년 7월)도 고객이 보유한 주식을 지인에게 선물할 수 있는 서비스를 하고 있다.

유진투자 증권의 웹툰, 웹 예능 마케팅도 MZ 세대 공략 편 마케팅 중의 하나이다. 유진투자 증권은 증권사 최초로 네이버 웹툰 플랫폼에서 인기 웹툰 작가인 '자까'와 손잡고 '신입일기(2021년 5~7월)'라는 브랜드 웹툰을 선보였다. 신입일기는 유진투자 증권에 입사한 신입 증권맨을 주인공으

유진투자 증권 브랜드 웹툰

로 해서 좌충우돌 증권사 라이프를 전했다. 또한 브랜드 웹툰답게 유진 투자 증권의 MTS 등을 적절하게 녹여냈다. 브랜드 웹툰이지만 사회 초년 생들이 고개를 끄덕일 만한 콘텐츠로 눈길을 끌었다. 실제 브랜드 웹툰 인데도 공감 댓글이 글이 다수 올라오는 등 인기가 있었다. 한화투자증 권도 한화그룹 금융 계열사 공동브랜드 라이프플러스Life Plus가 제작 지 원하는 카카오TV의 웹 예능 〈개미는 오늘도 뚠뚠〉을 통해 MZ 세대 주린 이 맞춤 마케팅을 진행 중이다.

젊은 세대들이 TV보다 많이 보는 유튜브는 주요 마케팅 채널로 이미 자리매김하고 있다. 키움 증권 '채널K', 미래에셋 증권 '미래에셋 스마트 머니', 삼성 증권 '삼성POP' 등 주요 증권사들은 자사 유튜브 채널 구독자 수 '100만 클럽'을 달성했다. 미래에셋 증권은 공식 유튜브 채널 '미래에셋 스마트머니'에 버추얼콘텐츠 항목을 따로 만들어뒀다. 티저영상을 시작 으로 버추얼콘텐츠를 계속 올렸으며, 한 종목 디지털리서치팀 연구원이 진행하는 '순결한 세븐'과 추석 특집으로 진행된 윤재홍 디지털 리서치팀 연구원의 '윤 선생 ETF 교실' 등으로 구성됐다. 특히 순결한 세븐의 경우 한 연구원이 종목을 추천해주면서 가상무대에 추천 종목과 관련된 자동 차, 일인칭 슈팅게임FPS 캐릭터 등이 등장해 생생함을 전했다.

증권업계의 SNS 성공 포인트

증권업계의 SNS 마케팅은 다변화된 접근법이 눈에 띈다. 투자 역시 보다 재미있게 접근할 수 있는 방식에 주안점을 둔 것이 성공 포인트다. 익숙한 플랫폼을 통한 선물하기 기능 등을 활용해 친숙하게 접근한다.

텍스트(글자) 콘텐츠보다 비주얼(영상) 콘텐츠에 익숙한 세대를 위해 초보자들에게 어려운 그래프를 여럿 띄우는 것보다는 직관적인 이미지를 보여주는 게 더 효과적이다. 증권사의 SNS 성공 포인트는 고객들의 눈높이에 맞춘 콘텐츠로 마음을 사로잡은 것이다. 뻔하지 않고 펀Fun한 스토리에 인증 욕구를 자극한다. 기존의 어려움을 탈피하고 UX/UI도 쉽고 심플하게 만든 것도 핵심이다. 고객의 바뀐 취향을 정확하게 잡아내서 다양한 매체로 재미있게 접근하였다. 디지털 전환으로 투자의 방식도 다양하게 바뀌고 있다. 어린 시절 돼지 저금통에 저축하던 기억을 떠올릴 수 있게 잔돈 투자 등으로 기획했다. 이처럼 쉽고 재미있는 방식으로 고객에게 신선한 디지털 경험을 제공하길 바란다. 온라인에 입소문이 퍼지면 너도나도 필수 관문처럼 유입되게 될 것이다.

SNS는 인증샷 부르는
'비주얼 푸드'가 대세

음식 인증샷 열풍

당신은 식당에서 음식이 나오면 음식에 먼저 손이 가는가, 스마트폰에 먼저 손이 가는가? 요즘 젊은 세대라면 스마트폰이 먼저일 것이다. 다만 인증샷을 찍을 만한 비주얼을 갖추어야 한다. '위드 코로나'와 같은 상황이 언제 끝날지 모르지만 맛집 투어는 멈추지 않을 것이다. 친구와 함께 간 식당에서 화려한 음식의 비주얼이 나오면 바로 남자든 여자든 가리지 않고 스마트폰을 들고 인증샷을 찍는다.

집에서 쉽게 만드는 가정식이든, 사활을 걸고 신제품을 쏟아 내는 식품 업계든 이들 MZ 세대의 인증샷은 SNS 상에서 관심받는 큰 역할을 한다. 하루에도 수많은 신제품이 나오는 식품 시장 특성상 그 제품의 첫인상은 너무나 중요하다. 소비자들에게 인증샷을 찍고 싶은 비주얼 먹을거리로 인정받으면 SNS 상에서 그 사진이 공유되어 자연스러운 바이럴 마케팅 효과를 거두게 된다.

인증샷 열풍을 일으킨 주인공 중의 하나는 '돈마호크'다. 돈마호크는 소고기 부위 중의 하나인 토마호크의 돼지고기 버전인데, 긴 뼈에 살코기가 붙어 있는 모양이 망치를 닮았다고 해서 '망치고기'라고 불린다. 돈마호크는 일명 '먹방' 프로그램은 물론 유튜브 등을 통해 널리 알려진 후 너도나도 인증샷을 올리기 시작했다. 사실 돈마호크는 너무 두꺼워서 가정 요리식으로는 잘 애용하지 않는 부위이다. 이런 불편을 없애기 위해 하코야에서는 돈마호크 카츠를 출시했다. 국내산 돼지고기의 두툼한 뼈 등심(돈마호크) 부위를 통째로 튀근 후 급속 냉동시켜 가정에서도 요리하기 편한 '돈마호크 카츠'를 완성했다. 냉동상태의 제품을 에어프라이어에서 25분간 익히면 돼 불을 피우는 번거로움 없이 진짜 돈마호크를 즐길 수 있게 한 것이다.

〈아는 형님〉에 나왔던 돈마호크카츠의 모습

와플 모양의 돼지고기 떡갈비도 등장했다. 크루아상 생지를 와플 기계에 눌러 만드는 크로플을 먹기 위해 소비자들을 와플팬을 구매할 정도로 큰 인기를 끌었다. 소비자들은 스스로 온갖 재료들을 와플팬에 넣어 기발한 음식을 만들었다. 익숙한 음식들도 이 와플 기계를 거치면 먹고 싶은 비주얼의 음식으로 재탄생한다. 그 기묘한 비주얼이 MZ 세대의 마음을 흔들고 SNS 퍼 나르기 열풍을 만들었다. 도드람은 이 열기를 그대로 살려 와플 메이커에 다양한 재료의 음식을 넣어 먹는 와플 모양의 떡갈비인 '와플 미트'를 출시했다. 식빵 사이에 통새우살을 가득 채워 느끼함을 줄이고 입안에 탱글탱글한 식감을 준 LF푸드의 멘보샤도 SNS 인증샷 열풍의 주인공이다.

식품업계의 금기 중의 하나가 블랙푸드다. 일반적으로 검은색은 식욕을 떨어트리고 보기에도 좋지 않아 식품업계에서는 금기시된 색상이다.

롯데리아 '블랙 오징어 버거' 모습

그런데 SNS는 그 금기조차 단숨에 깨버렸다. 금기를 깬 힘은 넷플릭스 전 세계 1위 드라마인 〈오징어 게임〉에 있었다. 이 드라마를 즐겁게 본 시청자가 현실에서 만나는 〈오징어 게임〉에 대해 재미있고 신기한 요소를 찾아서 올리기 시작했다.

롯데리아는 오징어의 열기를 이어받아 '블랙 오징어 버거'를 출시했다. 사실 롯데리아는 과거에

SNS 이벤트 화면 및 새우깡 블랙 제품

도 오징어 버거를 출시한 적이 있었는데 그때 버거는 검은색이 아니었다. 그런데 이번에는 과감하게 오징어 먹물이 함유된 검은색 오징어 패티와 붉은색의 강렬한 매운 갈릭 소스로 업그레이드했는데, 이 버거가 SNS 인증샷으로 속속 올라오기 시작한 것이다. 롯데리아만 블랙푸드 금기를 깬 것이 아니다. BBQ의 '까먹(물)치킨'은 닭 부위 중 부드럽고 맛있어 가장 사랑받는 넓적다리살(엉치살)을 사용한 순살치킨이지만 오징어 먹물 튀김 옷으로 검은색을 입히고 황금올리브 오일에 튀겨 검은 치킨으로 탈바꿈시켰다.

껌도 블랙푸드 대열에 합류했다. '껌은 하얗다'라는 상식을 깨고 오리온은 까만색 풍선껌인 '와우 블랙 레몬'을 내놓았다. 해태제과도 기존의 맛동산에 검은색을 입혀 '맛동산 블랙'을 출시했고, 농심도 새우깡에 검은색과 금색을 입혀 '새우깡 블랙'으로 인기몰이했다. 이슈가 되거나 새롭거나, 특이한 것을 적극적으로 공유하는 SNS의 특성 때문에 많은 업종에서 변화의 바람이 불고 있다.

식품 인증샷의 SNS 성공 포인트

신제품 출시가 잦은 식품업계에서는 제품의 첫인상이라 할 수 있는 시각적인 부분에 신경을 써서 MZ 세대의 '찍심', '공유 욕구'를 공략하는 것이 중요하다. 특히 2022년 현재, 'K-푸드'에 대한 관심이 높은 만큼 소셜미디어에 올라온 인증샷을 통해 글로벌 홍보 효과까지 기대할 수 있다. MZ 세대는 온라인에서 얻은 정보로 오프라인에서의 이색 체험을 즐기는 데다 SNS에 자기 경험을 자발적으로 공유해 바이럴 핵심으로 자리 잡고 있다는 점을 마케팅에 활용해야 성공할 수 있다.

MZ 세대는 입으로만 먹지 않는다. 따라서 눈과 입을 동시에 만족시켜줄 식품이 되어야 한다. 아무리 맛있는 음식이라도 비주얼이 따라주지 않는다면, 사진을 찍고 싶거나 업로드하고 싶지도 않을 것이다. 음식이 너무 맛있는 찐 맛집은 정작 현지인들만 알고 있고 비주얼이 좋고 적당히 맛있는 집이 더 유명한 일도 많다. 비주얼로 첫 방문을 만들고 맛으로 두 번째, 세 번째 방문까지 만들어야 한다. 콘텐츠도 마찬가지다. 미리보기 화면(일명 섬네일)을 통해 사람들의 클릭을 유도해야 한다. 비주얼은 푸드, 패션, 자동차, 콘텐츠 등 모든 분야에서 신경 써야 한다는 점을 잊지 않길 바란다.

맛과 재미 모두 잡아
매출을 올리는 펀슈머 마케팅

오뚜기, 곰표 등

|||||||||||||||||||||||||||||||||||||||||||||||||||||||||||||||||||||||||||||||||||||||||||||

이 책에는 MZ 세대가 참 많이 등장한다. 그만큼 SNS 마케팅은 물론 물건을 팔아야 하는 현장에서 이들의 활약이 대단하기 때문이다. 앞에서 여러 번 언급했지만 MZ 세대는 자랑하거나, 재미있거나, 알릴거리 등의 요소가 있어야지만 적극적으로 바이럴을 하기 시작한다. 재미와 소비를 동시에 추구하는 이들을 '펀슈머'라고 한다. 이 펀슈머 공략을 가장 잘하는 곳이 식품업계다. 식품업계는 이들의 시선을 잡을 독특한 네이밍, 감성 콘텐츠 등을 지속해서 발굴하고 있다.

먹을거리와 게임이 만나면 어떤 시너지 효과가 나올까. 언제부터인가 우리 눈앞에 묘한 컬래버레이션 제품들이 등장하고 있다. 그리고 이들의 독특한 결합이 소비자들의 뜨거운 반응을 끌어낸다. 그런데 식품업계는 여기서 한 발 더 나가서 게임 캐릭터와 손을 잡았다. MZ 세대들에게 친숙한 게임 캐릭터를 제품 패키지에 담아서 협업 상품으로 출시했다. 그 상품에는 게임에서 바로 사용이 가능한 아이템이나 게임 머니 등을 증정하는 이벤트로 진행하여 게임 유저들까지 적극적으로 끌어들였다.

펀슈머의 대표 주자는 역시 오뚜기였다. 오뚜기는 게임업체인 넥슨과 손을 잡고 진라면과 모바일 레이싱 게임인 '카트라이더 러쉬플러스(카러플)'의 묘한 만남을 성사시켰다. 오뚜기는 기존의 진라면 패키지 디자인에 카트라이더의 대표 캐릭터를 적용한 '진라면 × 카러플' 용기면과 컵면을 새롭게 선보였으며 진라면 매운 맛에는 '배찌'를, 진라면 순한 맛에는 '다오'를 그려 넣어 재미를 더했다. 이 협업은 매출에 어떤 영향을 주었을까? 이 협업 이후 진라면 용기 면·컵 면 매출이 2020년 대비 16.0% 증가했으며, 출시 후 전월 대비해서는 29.4% 증가했다.

오뚜기는 자사 스테디셀러 제품인 열라면과 진짬뽕을 조합한 열라짬뽕도 출시했다. 열라짬뽕은 네이밍부터 MZ 스타일이다. 열라면의 하늘초 매운 맛과 해물, 야채를 우려낸 진짬뽕의 진한 맛이 조화롭게 어우러

오뚜기 딜러 라면

카러플 진라면

1등은 당신처럼 SNS 하지 않는다

진 이 짬뽕라면은 다소 매운 맛임에도 꽤 인기를 끌었다. 오뚜기는 열라짬뽕 이외에도 열라면과 참깨라면의 맛을 결합한 열려라 참깨라면, 열라면의 매운 만두로 구현한 열라만두 등 독특하고 재미있는 네이밍을 선보여 MZ 세대들의 SNS를 바쁘게 만들었다.

오뚜기의 맹활약에 농심도 가만히 있을 수 없었다. 농심은 앞에서 잠깐 언급했던 것처럼 일부 PC방에서는 너구리에 카레를 넣어 먹는 카구리를 팔았는데, 이 제품이 게임 유저들 사이에서 인기가 높다는 것에 주목하여 이를 실제 제품으로 만들어냈다. 이 제품의 구성을 보면 카구리는 카레로 색다른 국물 맛을 구현하되 오동통하고 쫄깃한 면발과 너구리의 상징인 다시마, 너구리 모양의 어묵 등 기존 너구리의 특징은 그대로 살렸다.

라면 업계뿐만이 아니다. 컬래버레이션에서 가장 눈에 띄었던 게 곰표

농심 카구리 라면

한강주조 X 대한제분 곰표
표문 막걸리 곰표 막걸리

곰표를 뒤집어 만든 표문 막걸리 브랜드

다. 한강주조는 대한제분의 밀가루 브랜드 곰표와 협업해 '표문 막걸리'를 내놓았는데, 이 네이밍 역시 마케팅 성공사례로 꼽힌다. '표문'은 눈치챘듯이 '곰표'를 뒤집은 말이다. '어, 재밌네'라는 반응이 나올 만하다.

이 제품을 통해 옛날 술로만 여겨지던 막걸리의 이미지를 상큼하게 뒤집기도 했다. 표문 막걸리는 국내산 밀누룩의 풍부한 맛과 햅쌀 본연의 단맛을 느낄 수 있는 무감미료 막걸리로, 첫 라이브 커머스 판매에서 준비된 물량 800병이 방송 2분 만에 완판되는 성과를 이루기도 했다.

요즘 MZ 세대들은 어떤 걸 주로 볼까? 웹드라마의 보는 재미가 쏠쏠한 것 같다. 이 흐름은 업계가 놓칠 리 없다. 풀무원은 〈프로젝트 얄피〉라는 웹드라마를 직접 제작하여 MZ 세대들의 보는 재미까지 침투했다. 이 드라마는 신제품 만두 개발 사무실에서 벌어지는 일들을 그린 코믹물로 자사 캐릭터 '얄피'와 '교자'를 활용해 젊은 직장인들이 공감할 만한 에피소드를 재치 있게 풀어내 호응을 얻었다.

코카콜라도 웹드라마를 만들었다. 코카콜라 커피 브랜드인 조지아는 〈쿨내진동자야, 콜드브루를 마셔라〉라는 웹드라마를 공식 유튜브 채널에 공개했다. 이 드라마에는 배우 다니엘 헤니와 공승연이 주인공으로 출연해 조지아 크래프트 콜드브루의 깔끔한 맛과 부드러운 목 넘김을 흥미로운 스토리로 풀어내고 있다.

식품업계의 펀슈머 SNS 성공 포인트

색다른 경험과 재미를 선사하는 펀슈머 마케팅은 브랜드 이미지 환기와 소비자 접점 확대에 있어 효과적인 수단으로 주목받는다. 사실 여러 가지 감정 중에서 '재미'라는 것이 가장 마케팅에 쓰이기가 좋고, 이미지에도 좋은 영향을 끼치기 때문에 펀슈머 마케팅은 앞으로도 계속 강세가 이어질 것이라고 예상한다.

식품업계의 다양한 시도는 계속 이어질 것으로 보인다. 포화상태에 이른 국내 식품시장에서 소비자를 사로잡기 위해서는 가성비(가격 대비 성능)를 넘어 제품에 재미를 더할 수 있어야 한다. 이제는 소비자가 재미를 소비하고 공유하는 시대라는 점을 명심해야만 펀슈머를 통해 한발 앞서갈 수 있다.

MZ 세대는 새롭고 신선한 것에 반응한다. 익숙한 스테디셀러를 찾기보다 신제품을 모험 구매하며, 매출의 흐름을 바꾸고 있다. 또한 색다른 경험을 통해 기존의 이미지 탈피도 가능하다. 1952년 설립된 곰표도 맥주, 패딩, 나초, 치약 등 다양한 컬래버레이션 상품을 통해 젊은 소비자에게 올드한 이미지를 벗어나기도 했다. 재미있고 SNS에 공유하고 싶은 상품으로 MZ 세대의 마음이 흔들렸다면, 그들은 자발적으로 SNS를 통해 입소문을 내 줄 것이다.

MZ 세대의 인증샷 본능을 자극하는 편의점 신상들

갓생 기획, 딜리셔스 비밀탐험대

||||||||||||||||||||||||||||||||||||||||||||||||||||||||||||||||||||||||||||||||||||||

편의점은 말 그대로 편한 곳이다. 24시간 언제나 열려 있고 집 가까이에서 필요한 것을 쉽게 살 수 있기 때문이다. 편의점의 가격대가 다소 비싼 면이 있어 이용하는 연령대가 한정된 측면도 있지만, 이제는 가격까지 합리적인 이벤트를 벌여 가성비를 추구하는 MZ 세대는 물론이고 동네 슈퍼만 찾던 어르신들까지 원 플러스 원의 매력에 빠져든다.

언제나 매력적인, 누구에게나 편한 이러한 편의점에도 MZ 세대의 취향은 여전히 반영된다. 편의점에 들러 새로 진열된 상품들을 한번 살펴보면, 현재 트렌드를 반영한 톡톡 튀는 제품들이 저마다 빨리 구매해 달라는 듯 진열대를 채우고 있다. 이제는 그냥 비싼 제품만 있던 곳이 아니라 재미있는 제품이 가장 많은 곳이 편의점이 되어 간다. 원 플러스 원,

투 플러스 원, 유통기한 지난 상품 할인, 마감 임박 상품 할인 등 다양한 이벤트로 가격마저 매력적인 곳이 되었다. 조금 허름하지만 정감 어리고 가격이 싼 동네 슈퍼들도 이제는 편의점의 가격과 매력 앞에 무릎을 꿇고 있다. 도대체 편의점의 어떤 점이 달라진 걸까?

일단 GS25부터 살펴보겠다. GS25는 MZ 세대 직원들로 구성된 신상품 개발팀이 있는 회사다. 그 개발팀이 담당하고 있는 프로젝트가 '갓생 기획'이다. 갓생? 일단 이 말부터 신선해서 SNS에 퍼 나르고 싶은 충동이 든다. 갓생이란 최고라는 의미로 쉽게 붙여 사용하는 접두사 '갓God'과 인생을 의미하는 '생生'의 합성어로 '하루를 알차고 부지런하게 살았다'라는 의미의 신조어다. 갓생기획이 공식적으로 출범하기 전부터 이들 MZ 세대 직원들은 100개가 넘는 신상 아이템을 공유할 정도로 그 열정이 핫했다고 한다.

갓생 기획의 첫 작품이 카페노티드와 함께 기획한 '노티드우유' 3종 세트다. 이 제품은 출시 일주일 만에 50만 개가 넘는 판매량을 기록했다.

갓생 기획의 '노티드우유' 3종 세트

카카오프렌즈 춘식이와 협업 상품

그런데 노티드우유의 흥행을 확인할 수 있는 곳이 바로 SNS 무대였다. MZ 세대는 이 신상을 자신들의 SNS에 인증샷을 올리며 신나게 공유했다. 인스타그램에 올라온 인증샷은 1천 개를 넘어설 정도였다. 이 정도로 뜨거운 인기를 끈 이유가 뭘까? 바로 SNS 인증샷 본능을 자극했기 때문이다. MZ 세대의 특징 중 한 가지가 바로 '인증욕구가 강하다'는 점이다.

그 트렌드를 갓생기획이 기가 막히게 잡아낸 것이다. 노티드우유도 컬래버레이션 상품 중 하나다. 카페노티드는 프리미엄 도넛을 판매하는 디저트 매장이다. SNS 상에 수많은 젊은이들의 인증샷 성지로 꼽히는 곳이다. 그 인증샷 성지를 편의점으로 끌어들인 전략이 적중했다.

갓생 기획의 노티드우유 전략을 보면 인증샷에 대한 중요도가 바로 나온다. GS25 갓생기획팀의 한 관계자는 "저희의 최종 목표는 '누구나 사진 찍고 싶은 상품'을 만드는 겁니다. 그러므로 디자인이 중요하지요. 더불어 소비자들이 '갓생 기획 상품은 항상 특별하고 SNS에 인증하고 싶다'는 느낌을 받았으면 좋겠습니다"라고 말하기도 했다(http://www.econovill.

com/news/articleView. html?idxno=5537110).

　GS25의 노티드우유는 그동안 편의점 업계에서 진행했던 다양한 협업 마케팅 중 가장 MZ 세대의 특성을 정확히 파고든 시도였다. 이런 것이 가능했던 건 바로 MZ 세대 직원들로 구성된 MZ 세대를 너무나 잘 아는 갓생 기획팀의 힘이었다. 2021년 빼빼로 데이에는 컬래버레이션 마케팅으로 카카오프렌즈 춘식이와 협업 상품을 선보였다.

　GS25의 질주를 다른 편의점이 가만히 앉아서 볼 수 있겠는가. 이마트24도 즉각 MZ 세대 직원으로 구성된 '딜리셔스 비밀탐험대'를 가동한

이마트24로 사는 법 채널에 올라온 영상
#수향 x #이마트24 악마의 매운맛, 수향이 먹어보고 '찐'으로 평가해봄!

다. 2030 계층 직원 10여 명으로 구성된 이 팀은 브레인스토밍 회의, 시장 조사, 상품콘셉트 선정, 상품 출시까지 제품 개발 전 과정에 참여했고, 그 첫 작품으로 '맵부심' 열풍을 일으킨 '악마의 매운맛' 4종을 출시했다. 사실 매운 맛은 편의점 업계의 공식을 뒤집은 발칙한 전략이었다. 악마의 매운맛 4종은 매워 죽까쓰 샌드위치, 불타는 버건디 햄버거, 눈물찔끔 삼각김밥, 맵사분면 매운맛 좌표 테스트로 구성되어 있다. 이마트24 공식 SNS에 따르면 삼각김밥 ➪ 샌드위치 ➪ 햄버거 ➪맵사분면 순으로 매운 강도가 강해진다고 한다. 그렇다면 왜 이런 제품을 출시했을까? '4단계 맵사분면을 먹어봤다'는 인증샷을 남기도록 MZ 세대를 자극한 것이다. 이를 통해 '맵부심 인증＝이마트24'라는 공식이 MZ 세대 사이에 자리 잡을 수 있게 하는 게 이마트24의 전략이었다.

그런데 이 맵부심의 단점은 일단 맛을 봐야 한다는 점이다. 곧바로 인증샷으로 올릴만한 건 아니라서 SNS를 뜨겁게 달구지는 못한 것 같다. 그러나 어찌 되었든 이런 시도는 칭찬받을만하다. 물론 MZ 세대를 향한다고 다 성공하지는 않는다. 그렇다고 하더라도 다양한 시도를 통해 그들의 감각을 알아내는 것은 꼭 필요하다.

편의점의 SNS 성공 포인트

편의점은 누구나 편안하게 들르는 집에서 가까운 소매점이다. 접근이 쉬운 만큼 다양한 스토리가 실시간으로 올라올 수 있다. 뭔가 재밌거나 흥미로운 포인트만 만들어주면 된다. 인증샷을 찍고 싶은 자극도 결국 편의점 SNS 마케팅의 성공 포인트 중 하나다. 10대, 20대들에게 '야, 이거 재밌네' 하는 자극이 필요하다. 그 자극 지점을 연구하고 제품으로 연결되면 MZ 세대들은 알아서 그 제품을 홍보해 줄 것이다. 누가 시키지 않아도 사람들의 관심을 끌 만한 요소가 있다면 자발적으로 홍보가 된다. 인증하고 싶은 욕구는 상품 기획 단계에서 가설을 세우고 시도해 보는 것이다. 물론 모든 가설이 다 정답은 아니겠지만 이런 도전을 통해 차근차근 배워나가면 된다. 이마트24에서 MZ 세대로 구성된 딜리버리 탐험대를 구성한 것처럼 발 빠르게 움직여야 한다.

지금의 SNS 시대는 역사가 깊지 않기 때문에 잘하는 사람도 있겠지만 많은 사람들이 신입이라고 볼 수 있다. 학창 시절 처음 스마트폰을 접한 MZ 세대도, 직장을 다니다가 처음 스마트폰을 접한 베이비부머, X 세대 모두 같은 경력직이 된다.

디지털 시대에 빠르게 적응하는 MZ 세대가 SNS 트렌드를 주도하고 있다. 이제는 베이비 부머, X 세대도 빠르게 추격 중이다. 새로운 시대의 흐름을 빨리 읽고 선점하고 따라가느냐에 따라 승승장구의 여부가 달렸다. 많은 시도를 해보고 시장을 선점해나가길 바란다.

SNS MARKETING

2 PART

관심을 넘어
팬심을 이끌어 내는 법

|||||||||||||||||||||||||||||

기업의 대표들, 개인 SNS로
기업 이미지 및 매출을 좌지우지하다

기업 총수들의 SNS

|||||||||||||||||||||||||||||||||||||||||||||||||||||||||||||||||||||||||||||||||||||||||||||||||||||||||||

기업 총수가 어떻게 SNS의 인플루언서가 될 수 있을까? 지금까지 이런 재벌, 이런 기업 총수는 없었던 것 같다. 그 전무후무한 일을 정용진 신세계 그룹 부회장이 세간의 이목을 끌며 신나게 해내고 있다. 그의 인스타그램 팔로워 수는 2022년 6월 기준 77만 명에 달한다. 2021년 8월 40만 명에서 1년 사이에 37만 명 폭증했다. 정용진 부회장의 77만 팔로워의 좋아요는 다른 팔로워들을 자극하기에 충분했다.

총수 인플루언서 정 부회장은 자신의 인기와 이미지를 마케팅에 적극적으로 활용하는 수완을 여지없이 발휘하였다. 이마트 유튜브에 출연하면 해당 영상 조회 수가 100만 건까지 올라간다. 이마트 피코크와 노브랜드, SSG 랜더스Ssg Landers의 홍보 효과는 정 부회장이 몇십 억 원의 광고

정 부회장에 관한 네티즌 반응

비를 능가할 정도였다. 자신의 인스타그램에 이마트 가정 간편식인 '피코크'의 '피코크 진진 칠리새우' 제품 사진을 공개하자 해당 제품의 네이버 검색량은 전날 대비 11배 이상 늘어났을 정도였다. 조선호텔 밀키트는 인스타그램에 올리자마자 1달 만에 무려 2만 개를 파는 등 놀라운 기록을 만들어 내기도 했다.

정 부회장의 SNS는 톱스타에 버금가는 인기를 자랑한다. 정 부회장의 SNS 활동을 보고 유통업계 관계자들은 놀라움을 감추지 못하면서 이렇게 말했다. "정용진 부회장은 그동안 우리나라에서는 쉽게 접할 수 없었던 총수의 모습을 보여주고 있습니다. 그래서 대중과 업계의 관심도 집중되는 것 같습니다. 정 부회장은 그 어떤 모델 보다 강력한 영향력과 스타성이 있지요. 그러므로 개인을 넘어 기업 자체의 팬심을 높이는 계기가

정 부회장의 인스타그램 게시글

될 가능성이 아주 높아 보입니다."

MZ 세대의 SNS 활동의 핵심은 '진심'이다. 정 부회장도 그 핵심을 제대로 간파했다. 그는 자신의 SNS에 달린 댓글에 직접 대 댓글(댓글에 다시 댓글을 달아 답변)을 달아 '공답(공개 답변) 요정'이라는 별명까지 얻었다. 이런 진심이 담긴 SNS로 신세계 조선호텔과 신세계푸드의 요리 개발 사진을 그의 인스타그램에 올리면 그 상품은 곧바로 매진된다.

물론 반대로 대표 한 명의 이미지나 발언이 회사의 안 좋은 이미지를 만들거나 불매운동을 일으키기도 한다. 이처럼 단지 좋고 나쁨을 떠나, 이 시대가 SNS를 활용하는 방법과 긍정적인 방법으로 만들어가는 전략을 고민해 보면 좋을 것이다. 모든 것에는 양면이 있으니 말이다.

SK그룹의 최태원 회장도 재벌의 권위를 내려놓고 SNS를 통해 젊은 세대와 적극적으로 소통하고 있다. 재벌들은 왜 이렇게 전향적인 태도를 보이며 SNS 활동에 집중하는 것일까? 바로 대한민국의 주 소비층인 MZ 세대의 영향력을 인정하고 과거의 방식으로는 요즘의 소비자들과 소통할 수 없다는 걸 깨달았기 때문이다.

대기업 최고 경영자의 이미지 마케팅을 피아이**PI, President Identity, 최고경영자 이미지 마케팅**이라고 한다. 이 PI를 성공시키는 매체 역시 SNS다. 김경준

딜로이트컨설팅 부회장은 "MZ 세대의 등장으로 격의 없이 소통하는 '친구 리더십'이 인정받는 사회적인 분위기 변화 등이 영향을 끼친 것으로 보인다"라고 말하였다. 대기업 회장의 이런 소탈한 이미지는 기업 이미지 상승과 매출에 직결되는 분명한 효과가 있다.

재계에서 SNS PI 마케팅을 가장 활발하게 시작한 곳은 SK그룹이다. 최태원 회장은 계열사들도 모두 보는 사내 방송에 '최태원 클라쓰'라는 제목으로 영상을 올렸다. 라면 먹방도 보여주고 요리하는 쿡방 유튜버의 모습도 보여준다. 베레모를 쓰고 앞치마를 두른 최 회장은 SK그룹 직원들을 초청해 육개장을 만들어 대접했는데, 그 모습이 신선하고 친근해 보인다.

"요리의 최고 꽃은 뭔 줄 알아요? 빨리 안 주는 거예요. 냄새만 맡게 하고, 배가 고파야 뭐든지 맛있어요." 최 회장은 이런 농담을 던지며 능숙한 솜씨로 음식을 만들기도 했다. 최 회장은 2019년, 직원들과 이야기를 나누는 '행복 토크'도 100회나 가졌다. 2020년에는 코로나19 사태로 직접 만나는 것이 불가능해지자 동영상에 등장해 직원들과 적극적으로 소통했다. 이런 파격적 회장의 모습을 본 젊은 직원들은 회장님이 아니라 옆집 형 같다는 의견을 내놓기도 했다.

사실 최태원 회장과 정용진 회장에 앞서서 SNS로 젊은 세대들과 적극적으로 소통한 재벌 회장이 한 사람 더 있다. '재계 SNS 소통의 선구자', 'SNS 조

SK 광고에 등장한 최태원 회장

상신' 등으로 불리는 박용만 두산인프라코어 회장은 2009년부터 트위터 활동을 시작했고 이후 페이스북, 인스타그램 활동도 아주 열심이다. 인스타그램에는 소소한 일상의 생각과 글도 올리면서 대중과 소통하고 있다. 박용만 회장은 두산그룹 회장에 재직할 때부터 '소통의 아이콘'으로 유명했다. 그는 트위터로 직원들과 농담을 나누고 파격적으로 번개 모임도 갖는다. 그의 소탈한 SNS 활동은 '사람이 미래다'라는 두산그룹의 슬로건과 맞아떨어지면서 두산의 브랜드 이미지 개선에 큰 공을 세웠다.

오뚜기 함영준 회장은 자신의 딸 함연지 씨의 유튜브 채널에 사위와 딸의 오뚜기 제품으로 만든 요리 대결에 평가자로 나오기도 했다. 어버이날 특집으로 요즘 핫한 오뚜기 레시피를 직접 나와 맛보기도 하였는데 조회 수가 370만이 넘어갔다. 오뚜기 3세이자 배우 함연지 씨의 SNS 효과도 크다. 인스타그램에서는 함영준 회장과 나눈 카카오톡 메시지를 공개하여 전문성과 오뚜기에 대한 애정을 직·간접적으로 보여주기도 했다.

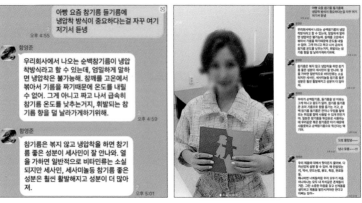

뮤지컬 배우 함연지(좌)와 SNS에 올린 함영준 오뚜기 회장과의 대화내용(우) /함연지 인스타그램
(출처: https://www.sedaily.com/NewsView/1VQVDP2G1K)

1등은 당신처럼 SNS 하지 않는다

기업 회장들의 SNS 성공 포인트

이젠 소비자들이 재벌들의 딱딱한 이미지와 신비주의를 원하지 않는다. 현재의 SNS 마케팅은 사람들과 진정성 있게 소통하는 것이 핵심이다. 단지 대기업만 해당하지 않는다. 중소기업이든, 1인 기업이든 사람들은 기업을 운영하는 회장, 대표들의 일상, 생각을 궁금해한다. 그리고 나와 비슷한 모습에 친근감을 느끼기도 하고 그들의 이야기에 공감하기도 한다. 과거 CEO의 영웅 페르소나에서 SNS를 통한 수평적 리더십의 친구 페르소나로 변모한 사례다.

기업의 대표로서 SNS를 통해 소통하고 브랜딩을 쌓아가는 것도 특별한 의미가 있다. 대표가 그 기업의 제품이나 서비스를 가장 잘 알고 있을 것이다. 그러므로 기업 대표가 직접 들려주는 이야기에 더 큰 신뢰와 설득력을 가진다. SNS를 통한 대기업 회장들의 소탈한 모습은 기업 이미지 상승과 매출에 직접적 영향을 주었다. 반면에 기업 총수의 말 한마디로 사회적 파장을 일으켜 주가마저 내려가기도 한다. 그만큼 대표의 영향력은 매우 크기 때문에 반대 상황의 여파도 늘 고려해야 한다.

소속감과 유대감을 동시에 갖는
커뮤니티 마케팅이 뜬다

MKYU, 켈리최생각파워

||||||||||||||||||||||||||||||||||||||||||||||||||||||||||||||||||||||||||||||||||||||||||||||||||||||||||||||

새벽 5시, 미라클 모닝을 하기 위해 2만 명이 모였다. 다들 잠자는 시간에 유튜브 라이브 방송으로 1만 명이 넘는 사람들이 접속했다. 바로 MKYU 김미경 학장이 만든 '514 챌린지'라는 프로젝트이다. 이 프로젝트는 5시가 되면 시작해서 20분 동안 김미경 학장이 짧은 강의를 한다. 5시 20분이 되면 30분간 라이브 방송을 켜놓고 각자 운동, 명상, 독서, 필사, 영어 공부 등 다양한 챌린지를 진행한다. 중간중간 졸지 말라는 김미경 학장님의 멘트는 마치 방에 CCTV라도 달아놓은 기분이 들게 한다. 30분이 지나 5시 50분이 되면 10분간 리뷰하는데 전날 SNS를 잘한 사람에게 칭찬해주고, 하루에 대해 리뷰를 진행한다.

MKYU는 3050 여성층에게 아주 큰 인기를 차지하고 있으며, 코로나19

로 시대가 바뀌는 시점에 새로운 시대를 같이 공부하고 있다는 소속감과 유대감을 바탕으로 엄청난 성장 중이다. 워킹맘, 육아맘 등 같은 여성의 코드를 가지고 공부하고, 추가로 서로에 대한 공감대를 형성하면서 유대감이 형성되고 그것이 인스타그램을 통해 소통하며 더욱더 커지게 된다. 해시태그를 통해 소통하며 서로 팔로우를 늘리게 되고, 해시태그 및 인스타그램을 통해 신규 회원이 커뮤니티로 지속해서 유입된다.

과제 및 챌린지에 관한 내용을 인스타그램에서 인증하며 오프라인에서 해야 하는 부분을 온라인으로 진행하며, 온라인이지만 인스타그램 서로에 대한 실체를 보는 상태에서 실제 서로 교류한다는 느낌이 들게 되며 자발적으로 소통하게 된다.

프로젝트에 참여 중인 짹짹이들이 전 세계에서 한국시간 오전 5시에 모여 514 챌린지를 진행 중인데, 이제는 '짹짹이 월드'라는 표현을 쓰고 있다. 참여 중인 짹짹이들이 인스타그램에 #514챌린지 #모닝짹짹이 등의 해시태그를 남기는 데, 이는 73만 개가 넘는다.

새벽 5시에 진행하는 김미경 라이브 방송 중 일부

514챌린지 해시태그 검색 결과

경험의 인사이트를 전해주는 김미경 학장은 "커뮤니티가 답이다!" 하고 말했다. 지금은 시대가 바뀌고 있다. 공중파 방송국에서 개인 유튜브로 넘어왔고, 출판물의 인기도 예전과는 달라졌다. 이제 대학교에서 배울 수 없는 것도 개인, 인터넷을 통해서 배우는, 바야흐로 신뢰를 바탕으로 디지털 기술의 도움을 받아 개인 간의 거래가 확대되는 소셜 비즈니스 시대이다.

MKYU는 9만 9천 원의 연간 구독료를 내는 열정 대학생만 6만 명이 넘는다. 학과 점퍼, 굿즈 등을 통해서 서로 소속감을 느끼며, MKYU 열정 대학생들끼리 엄청난 유대감을 갖는다. 앞서 말했듯 특히 3050 여성층에게 뜨거운 환호를 받고 있다. 30대 이상 여성은 사회 속에서 인정받는 경험이 상대적으로 부족하다. 자신이 얼마나 괜찮은 어른인지 확인할 공간과 시간이 부족하다가 514 챌린지를 통해 스스로 성취감도 얻고, 지금의 자신을 인정하는 기회도 얻는다. MKYU에서 진행하는 챌린지는 3050 여성층의 문화이자 놀이가 되어가고 있다.

국내에서 MKYU 이외에도 활발한 커뮤니티가 더 있다. 바로 부를 끌어당기는 생각 파워 웰씽킹 '#켈리최생각파워'이다. 빚 10억 원에서 연 매출 6천 억 원을 이룬 켈리최 회장의 커뮤니티이다. #끈기 프로젝트_동기 부여 모닝콜 편, #끈기 프로젝트_운동 편 등 그 분야를 확장하고 있다. 켈리최생각파워는 인스타그램 기준 해시태그 35만 8천 개, 끈기프로젝트_운동 편은 6만 1천 개를 기록하고 있다(2022년 4월 기준).

웰씽킹도 자체 홈페이지를 통해서 부끌 강연, 굿즈, 프로젝트 등을 판매 중이다. 오픈하자마자 5분도 채 되지 않아 바로 매진이 될 만큼 인기가 많다. 켈리최 회장은 구독자들, 팔로워들을 '켈리스'라고 칭하며 유튜

켈리최 회장과 진행하는 프로젝트, 해시태그

브, 인스타그램 등을 통해서 꾸준히 소통하고 있다(켈리스: 켈리의 생각 파워 습관을 함께 하는 커뮤니티).

켈리스는 켈리최 회장과 웰씽킹 서포터즈를 중심으로 지금도 널리 SNS를 통해 퍼져나간다. 같은 #켈리최생각파워를 이용하는 사람끼리 소속감을 느껴가면서 블로그 이웃이 되고 인스타그램 팔로잉을 하며 서로 소통한다. 켈리스가 이렇게 확장될 수 있었던 건 가치, 공감이라 여겨진다. 금수저 부자는 많지만 흙수저에서 사업 실패, 우울증을 겪으며 지금의 단계까지 왔다는 점과 그 과정이 부자들의 생각을 체화하면서 지금의 부를 이룩했다는 점, 그리고 이러한 생각 비밀을 사람들과 나누고 '우리' 모두의 성장을 위한다는 점에서 켈리스들은 열광한다.

기업의 경우 커뮤니티를 가진 인플루언서를 섭외해 커뮤니티와 팬덤을 끌어들이고 있다. 우리나라 가장 몸값 높은 연예인만 광고 모델로 등용하던 랑콤도 제니피끄 세럼 광고에서 인플루언서 5명(리정, 하누, 조은,

랑콤 코리아 유튜브 채널, 인플루언서 5인의 제니피끄 세럼 소개 영상

1등은 당신처럼 SNS 하지 않는다

다샤, 김다인)과 광고 모델로 등용하던 관련 담당자는 요즘 소비자는 SNS를 기반으로 개인이 추천, 기획한 상품을 구매하는 '팬덤' 문화가 형성되었다고 말한다. 이처럼 이제는 커뮤니티를 가진 슈퍼 개인의 시대이다.

커뮤니티 마케팅의 SNS 성공 포인트

과거는 중앙집권화 사회였다면, 이제는 탈중앙화 시대이다. 온라인의 발달로 다양한 정보와 편리성으로 정말 다양한 커뮤니티가 생겨날 수 있다. 그러한 환경 속에서 개인의 가치관, 취향도 점점 세분되며, 이런 문화를 충족시키는 마이크로 인플루언서도 많이 생겼다. 마이크로 인플루언서는 기업들이 하기 힘든 고객과의 유대관계와 커뮤니티 형성이 가능하여 영향력을 무한대로 확장 중이다.

많은 자기 계발서에서 '진정한 팬 1,000명만 있다면 먹고 사는 데 문제가 없다'고들 하는데 마이크로 인플루언서만 되도 충분할 수 있다는 말이다. 1,000명이 모이면 커뮤니티가 된다. SNS 해시태그를 통해서 그 커뮤니티를 세상에 드러내 보기 바란다. 그러면 사람들은 호기심을 가지고 커뮤니티에 관심을 갖게 될 것이다. 같은 커뮤니티 사람끼리는 해시태그라는 연결고리를 통해 새로운 관계를 형성하고 소통의 장을 만들게 된다. 커뮤니티는 브랜드이자 사회적으로 거래할 수 있는 자산이기도 하다. 커뮤니티를 이끄는 사람이 되어 나만의 경제 생태계를 만들어 소셜 비즈니스를 진행하면 좋을 것이다.

올드한 캐릭터의 재탄생으로
매출 돌풍을 일으키다

진로소주 두꺼비

볼록 튀어나온 배, 거대한 등판, 커다란 눈망울. 그런데 이 녀석, 덩치는 산만한데 귀엽다. 초롱초롱한 눈으로 '두껍' 하고 울면 인상파 아빠들도 저절로 스마일 미소가 만들어진다. 바로 우리나라에서 나고 자란 성인이라면 모를 수 없는 진로의 마스코트, 진로 소주 라벨에 새겨진 바로 그 두꺼비 이야기이다. 이 두꺼비가 요즘 전국 곳곳에서 맹활약하고 있다.

하이트진로의 두꺼비 캐릭터는 2019년 4월, 1970년대 진로 소주 디자인을 복원한 신제품과 함께 탄생했다. 사실 진로의 메인 모델 캐릭터는 두꺼비가 아니었다고 한다. 진로 측의 이야기를 한번 들어보자. "1924년, 진로는 평안남도 용강군의 '진천양조상회'를 모체로 출범했습니다. 당시 진로의 트레이드마크는 '원숭이'였지요. 서북 지방에서는 원숭이를 사람과

인스타그램 진로이즈백 해시태그 캡처사진

모습이나 행동이 비슷하고 복을 주는 동물로 여깁니다. 하지만 1954년, 본사를 남한으로 옮기면서 더는 원숭이를 사용할 수 없었습니다. 남한에서는 원숭이가 치사하고 교활한 이미지가 있었거든요. 그래서 다른 상징 동물인 두꺼비를 내세우게 되었습니다(http://topclass.chosun.com/board/view. asp?catecode=I&tnu=202108100001)."

그런데 왜 두꺼비였을까? 두꺼비는 민간설화에서 기복 이미지가 있고, 아침저녁으로 차고 깨끗한 이슬을 받아먹는 장생의 동물 이미지와 번영 이미지를 갖고 있기에 진로의 브랜드 이미지와 딱 맞아떨어졌다. 진로의 진眞은 근처의 연못 이름 진지眞池에서, 로露는 술을 빚는 과정에서 술 방울

컬래버레이션 제품인 두꺼비 앞치마

이 이슬처럼 맺히는 것을 보고 지었다고 한다. 1954년, 두꺼비로 대표 이미지를 바꾸면서 '소주=진로=두꺼비'라는 인식을 사람들에게 강하게 심어주게 된 것이다.

현재 두꺼비는 SNS 무대에서도 종횡무진이다. 하이트진로는 MZ 세대가 활발히 활동하는 인스타그램을 통해 자사 두꺼비 캐릭터의 선호도를 높이고 있다. 이 두꺼비 캐릭터는 패러디, 컬래버레이션을 통해 각종 SNS에서 화제를 몰고 다니면서, 약간은 올드했던 진로 브랜드의 이미지를 완전히 젊게 바꿔 놓았다. SNS 상에서는 진로 두꺼비 캐릭터의 일상이 짧은 영상과 사진 등으로 계속 업로드된다. 자사 브랜드인 '참이슬'의 메인 모델 아이유가 신곡을 발표할 때도 두꺼비가 아이유 앨범 재킷을 패러디한 사진과 티저영상으로 컬래버레이션 홍보의 진수를 선보였다.

'이렇게 잘 만든 캐릭터를 왜 그동안 사용하지 않았을까?' 하는 의문이 들 정도로 요즘 두꺼비의 활약상은 대단하다. 특히 컬래버레이션 마케팅에서는 화제 그 자체다. 최준과의 협업 콘텐츠, 샤이니 태민과의 댄스 컬래버레이션 등은 연예인 인플루언서와의 아주 적절한 협업 사례로 여겨진다. 두꺼비의 유연하고 호감 가는 캐릭터 이미지는 소비자들과 소통하는 큰 힘이 된다. 하이트진로는 2020년에는 인스타그램에 '부캐(부 캐릭터)' 트렌드를 반영한 부캐 '엄쿨진'의 일상 콘텐츠를 업로드하기도 했다. MZ 세대들은 하이트진로와 소통하는 게 아닌 '엄쿨진'이라는 부캐와 소통했다. '엄쿨진'은 그냥 옆집 친한 형의 친근한 일상을 보여줘서 더 호감이 갔다. 이런 홍보 같지 않은 홍보는 SNS의 스토리텔링 마케팅의 또 다른 장르로 자리 잡아 가고 있다.

두꺼비를 본 MZ 세대의 반응은 어느 정도일까? 두꺼비 캐릭터를 활용한 굿즈와 컬래버레이션 상품은 완판 행진을 이어가고 있고, 푸른빛이 감도는 병의 '진로이즈백'은 출시 두 달 만에 1천 만 병, 누적 4억 병이 넘게 팔리며 흥행에 성공했다. 모두 두꺼비 캐릭터의 힘이다. 2020년 하이트진로의 매출액은 2조 2천 563억 원으로 전년 대비 10.9% 증가했다. 영업이익도 하이트맥주와 진로가 합병한 2011년 이후 최고 수준이다.

하이트진로의 SNS 활약상은 인스타그램에만 그치지 않는다. 하이트진로의 페이스북에는 소비자들의 자발적 참여를 유도하는 재미있고 친근한 콘텐츠들이 가득하다. 술자리 MBTI 유형, 파인애플 피자, 로제 떡볶이, 팝잇 등 밈을 활용한 콘텐츠로 MZ 세대들의 폭발적 공감을 유도했고 경품도 없었는데도 소비자들은 긍정적으로 환호했다. 특히 "테라에 잘 어울리는 떡볶이의 근본은 뭐다?!"라는 콘텐츠는 소비자들이 역시 자발적으로 로제 떡볶이와 일반 국물 떡볶이 중 어떤 게 더 '테라'와 잘 어울리는지 투표하게 했다. 페이스북 페이스북 친구들은 5천 500여 개의 공감을 보내며 테라에 대한 호감을 보여주었다. 최근 2~3년간 SNS 상에서 성공한 제품들과 기업들은 대부분 강제적으로 주입식 홍보를 진행하기보다 소비자들의 자발적 홍보를 끌어내고 있다는 공통점이 있다. 홍보 같지 않은 홍보가 핵심이다.

2020년에는 아이서에이슬을 소비자들이 강제 소환하는 일이 벌어졌다. 그 특별한 맛을 잇지 못해 소비자들이 재출시를 강력히 요구했고, 하이트진로는 한정판으로 앙코르 출시를 공표하며 소비자들의 사랑을 한몸에 받았다. 하이트진로는 블루베리, 딸기 등 외국에서는 맛보기 힘든 다양한 맛의 증류주도 선보여 일반 소주를 못 먹는 타깃까지 사로잡았다. 이런 성공은 이슬 시리즈에 머물지 않고 젊은 세대의 입맛을 사로잡기 위해 다양한 맛을 개발하고 이를 SNS 상에서 적극적으로 홍보한 데에서 기인한다.

하이트진로가 진행한 SNS 마케팅은 공감형 콘텐츠를 통한 소통 마케팅이라 할 수 있다. 제품 출시 당시에는 시장에 제대로 진입할지 우려했던 진로의 테라는 출시한 지 100일 만에 1억 병을 판매하였고, 누적 판매

하이트진로 공식 인스타그램

16억 병을 넘어서는 기염을 토했다. 이제 테라는 대표 맥주 브랜드로 올라섰다. 이런 성과는 바로 SNS를 통해 소비자들이 일상에서 언제든지 편안하게 마실 수 있는 맥주로 인식되었고, 젊은 소비자들인 MZ 세대의 감성과 공감을 자극해 조금 더 친근한 이미지를 심어주었기 때문이다.

하이트진로는 맹활약하는 두꺼비 캐릭터에 힘입어 '핑크 두꺼비' '복순이' 캐릭터 등을 만들었고 편의점, 식품, 의류 브랜드들과의 적극적인 컬래버레이션도 진행하였다. 소비자들의 감성을 향해 적극적으로 다가가는 하이트진로의 끝이 어디까지일지 궁금할 정도다. 하이트진로는 인기 굿즈와 판촉물을 구하지 못한 고객들의 요청에 차별화된 브랜드 경험을 전달하기 위해 '두껍상회'라는 팝업스토어를 기획하였다. 하이트진로의 두꺼비 캐릭터는 지난해 캐주얼 '커버낫'과 협업한 컬렉션이 출시 1분 만에 완판되는 고무적인 성과를 낸 뒤 각종 생필품과 액세서리 등으로 상품군을 넓히고 있다.

1등은 당신처럼 SNS 하지 않는다

하이트진로의 SNS 성공 포인트

하이트진로 SNS의 성공은 우선 두꺼비 캐릭터의 역할이 컸다. 두꺼비가 만들어 내는 컬래버레이션과 SNS 상에서 펼쳐지는 다양한 일상이 화제를 불러일으켰기 때문이다. 이후 하이트진로는 타깃과의 공감 마케팅을 통해 소비자들이 자발적으로 홍보하게 하는 효과를 누렸다. 하이트진로는 테슬라(테라+참이슬), 테진아(테라+진로) 등의 재미있는 신조어도 만들어 내어 브랜드 홍보 효과를 톡톡하게 얻었다.

진로 두꺼비의 SNS라는 무대에서 활약을 통해 진로 이미지마저 단번에 젊게 바꿔버렸다. 진로 소주에 대한 강렬한 인상을 주면서 소비자들에게 진로 두꺼비의 매력에 빠지게 했다. 이 모든 것은 모두 기획에서 비롯된다. 메인 모델 캐릭터 선정에서부터 동물을 교체하여 사람들의 인식을 바꾸는 것부터 시작했다. 이러한 노력을 트렌드에 반영하여 콘텐츠를 업로드하고 컬래버레이션 및 팝업스토어 오픈 등을 진행했다. 이러한 성공은 자연스럽게 이루어진 것처럼 보이지만, 그 뒤에 숨어있는 마케터들과 기획자들의 노력을 간파하는 것이 우리의 과제이다.

스캔들도 없고 허위 논란에도
자유로운 CF계의 샛별 같은 존재

가상 인간

||||||||||||||||||||||||||||||||||||||||||||||||||||||||||||||||||||||||||||||||||||||||

로지, 루시, 슈두…. 이들은 팔로워 수 21만 명, 연 수입 10억 원을 버는 명품 브랜드 모델들이다. 이들 인기 인플루언서들은 패션·뷰티를 비롯한 유통업계 전반에서 엄청나게 활약 중이다. 이들의 공통점은 인플루언서이기도 하지만 메타버스 시대답게 디지털 기술로 탄생한 가상 인간이라는 점이다. 인플루언서 마케팅과 가상 세계의 결합이 가상 인플루언서를 탄생시켜 영향력 높은

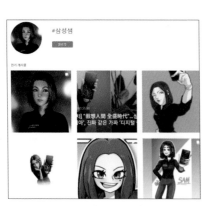

틱톡 삼성 가상 인간

유명 인사를 만들어냈다. 그런데 왜 업계에서는 왜 이들을 적극적으로 발굴하려 하는 걸까? 가상 인플루언서는 스캔들이나 허위 광고 등 논란으로부터 자유로운 데다 온라인 소비에 익숙한 소비자를 공략하는 데 유리하기 때문이다.

메타버스 열풍과 맞물려 버추얼 인플루언스 시장은 인간 인플루언스 시장 규모를 넘어서려 하고 있다. 인플루언서 마케팅 기관 〈미디어 킥스 **MediaKix**〉에 따르면, 글로벌 인플루언서 마케팅 시장 규모는 2016년 44억 달러에서 지난해 최대 100억 달러(한화 약 12조 원)까지 성장한 것으로 보인다. 이중 가상 인플루언서 시장은 연평균 성장률 32.5%로 늘어나 2025년 그 비중이 50%에 육박할 것으로 예상된다. 인플루언서들은 페이스북, 인스타그램 등에서 구독자들과 맺는 유대감을 바탕으로 패션, 뷰티 제품 판매에서 그 영향력을 발휘한다. 기업들도 인플루언서와 협업을 통해 제품을 공동 론칭하거나 모델로 활용해 제품 인지도를 높이는 사례가 늘고 있다.

'캐릭터 하나 잘 만들면 열 연예인 안 부럽다'는 말이 있다. 빙그레도 빙그레우스의 힘으로, 하이트진로도 두꺼비의 힘으로 올드 브랜드에서 젊은 감각의 브랜드로 대 전환을 이루었다. 연예인은 없었고 오직 캐릭터와 SNS의 힘이었다. 연예인을 모델로 쓰면 그 비용이 만만치 않다. 그리고 계약을 한 그 연예인이 구설에 오르면 브랜드의 치명타는 상상을 초월한다. 연예인 모델에 투자한다는 건 그래서 다소 모험일 수도 있다고 얘기한다. 물론 검증된 연예인이라면 다르겠지만 검증될수록 비용은 더욱더 치솟을 뿐이다. 그래서 기업들이 눈을 돌린 것이 바로 캐릭터 마케팅이다. 카카오의 라이온, 코카콜라의 폴라베어는 어린이부터 어른까지 모두 선호하고 게다가 구설수에 빠질 위험도 없다.

삼성 티셔츠를 입고 삼성전자 제품을 사용하는 가상 인간 캐릭터 '삼성 샘'

그런데 라이온이나 폴라베어처럼 꼭 동물만 캐릭터에 등장하라는 법은 없다. 가상현실 시대답게 SNS 틱톡의 영어권 사용자들 사이에서 한국 캐릭터가 갑자기 인기를 끌었는데, 그 주인공은 삼성전자 브라질 법인에서 제작한 영업 교육용 가상 인간 캐릭터 '삼성 샘Samsung Sam'이다. 샘은 브라질 아트 프로덕션인 '라이트팜'이 한국 광고대행사 제일기획과 협업해 만든 3G CG 캐릭터이다. 샘은 광고용으로 만든 게 아니었음에도 틱톡 내에서 밈으로 재생산되면서 인지도를 확 끌어 올렸고, '삼성걸'이라는 닉네임도 얻으면서 삼성 브랜드의 간접적 홍보 효과도 올리게되었다.

샘이 왜 이렇게 인기를 끌었을까? 결국 잘 만든 외모의 힘이 컸다. 동서양의 외형적 특징을 적절하게 섞어서 아주 매력적인 턱선, 코와 입, 눈을 가진 인물을 만들어 냈다. 마치 〈겨울 왕국〉의 '엘사' 분위기도 인기를 끄는 데 한몫했다. 복장도 편안하고 단순해서 이를 따라 하는 코스프레 영상도 많이 올라오기 시작했다. 샘의 인기가 너무 높다 보니 '삼성이 샘에게 올인하지 않는다면 그들은 가장 큰 역사상 마케팅 실수를 벌이는 것'

삼성 샘 인스타그램 해시태그 검색화면

이라는 취지의 지지 댓글이 올라올 정도였고, 이 댓글에는 무려 4400명이 공감을 표시했다. 과거에도 가상 인간 가수도 있었지만 샘처럼 많은 이들의 호감을 사지는 못 했다.

우리나라에는 삼성전자와 경쟁을 하는 브랜드가 하나 있다. LG전자는 삼성의 '샘' 열풍을 가만히 지켜만 볼 수 없었다. 그래서 만들어 낸 또 하나의 가상 인간이 '김래아'다. 김래아는 LG전자의 2021년 1월, CES 2021에서 선보인 23세 여성 음악가 캐릭터다. 이 모델이 갑자기 등장해 CES 콘텐츠 내에서 다양한 LG전자 제품을 소개했다.

김래아는 샘처럼 일회성 캐릭터가 아닌 SNS 상에서 팬들과 직접 소통하는 가상 인간이다. 2022년 6월 현재, 김래아의 공식 인스타그램 계정에는 1만 5000명의 팔로워가 모였고 게시글도 50개가 넘어섰다. 김래아는 LG전자를 홍보하는 게시글을 올리는 게 아니라 실제 인간처럼 셀카도 찍고, 사

기업 홍보대사가 된 가상 인간들

김래아 인스타그램

진 합성도 즐기며 감성적인 글을 남기곤 한다. 그런 감수성 높은 게시글에 댓글이 엄청나게 달리고 있다. 물론 이 작업 역시 LG전자 직원이 하겠지만, 시도 자체는 아주 참신하고 MZ 세대들의 흥미를 끄는 데 부족함이 없다.

앞으로는 삼성전자와 LG전자처럼 가상 인간 캐릭터로 자사를 홍보하는 SNS 마케팅이 참 다양한 방법으로 만들어질 것으로 예상된다. 이들 캐릭터는 단순히 제품을 홍보하기보다 한 인간의 감성적인 하루를 보여주면서 공감을 끌어내고 팬들을 모을 것이다. 무엇이든 앞으로의 마케팅은 억지스러움을 벗어 던지고 자연스러움을 입어야 한다.

세계 최초 디지털 모델 슈두Shudu는 영국의 사진작가이자 컴퓨터 그래픽 아티스트가 만든 남아프리카 출신의 가상 패션모델이다. 인스타그램 팔로위 수만 21만 명에 달한다. 캘빈 클라인, 디올 등의 모델로 활동했고 삼성전자의 '갤럭시 Z 플립' 화보를 촬영하기도 했다. 가상 인플루어서는 삼성전자와 LG전자만 독점하고 있는 것도 아니다. 패션기업 LF도 가상 인간 '로지'를 질바이질스튜어트의 가방 제품군의 전속모델로 발탁했다. MZ 세대의 스타일 아이콘으로 떠오른 로지가 선택한 로지 '픽**Pick**' 가방을 선보이고, 메타버스 기반의 색다른 콘텐츠로 고객들과 소통하고 있다. 대기업들이 경쟁적으로 만들고 있는 이런 가상 인플루언서는 인간 인플루언서보다 리스크가 거의 없는 것이 장점이다. 가상 인플루언서는 기업이 마케팅 등을 목적으로 만들어진 가상의 인물로, 기업은 이를 이용해 마치 실존하는 인물처럼 활용하는데, 이들을 발굴한 것은 디지털 네이티브인 MZ 세대를 공략하기 위함이다.

버추어 인플루언서의 SNS 성공 포인트

삼성전자가 시도한 가상 인간 캐릭터와 LG전자가 맞불을 놓은 가상 인간 캐릭터는 조금 늦게 출시한 감이 없지 않지만 가장 중요한 이들의 성공 포인트는 고객, 즉 유저들과 자연스러운 소통에 있다. 이슈 등에 얽매이지 않으며, 늙지도 않고, 다양한 표정 및 상황을 연출이 모두 가능하다. 또한 억지로 자사 브랜드를 광고하지 않고 캐릭터의 매력만으로 관심을 끌어 그들의 일상이 전 세계로 퍼져나가고, 그들이 사용하는 제품 속에 마치 PPL처럼 자사 제품 브랜드를 사용하는 방법을 써서 알찬 홍보 효과를 거둘 수 있다는 점이다.

가상 인간 캐릭터 다소 생소하다고 느끼는가? 지금 MZ 세대는 가상 부캐에 익숙하다. 가상화폐, 메타버스, NFT 등 급변하는 시대 속에서 빠르게 선점하면 가장 좋고, 아니더라도 관심을 가질 필요가 있다. 그리고 지금 어린이 및 청소년 세대는 메타버스 세계에서 놀고 있으며, 메타버스 세계에서는 MZ 세대가 더 경력직일지도 모른다. 그러므로 그들과 소통하기 위해서는 우리도 가상의 캐릭터를 만들어 가상의 세계에 합류하는 노력이 필요하다.

점점 진화하고 있는 인플루언서 마케팅

SNS 인플루언서

시장조사 기업 칸타코리아(대표 양정열)의 '2021 칸타 이커머스 행동 연구' 조사 결과에 의하면, MZ 세대는 온라인에서 제품을 구매할 때 친구보다 SNS 인플루언서의 말에 더 영향을 받는다고 한다. 언택트 트렌드에 맞춰 연예인 모델보다 SNS 인플루언서의 사회적 영향력은 더욱 커질 것이다. 특히 MZ 세대의 제품 구매 결정에 미치는 영향력도 점점 증가하고 있다. '온라인에서 제품 구매 시 가장 많은 영향을 미치는 사람'을 묻는 질문에 MZ 세대(18~40세) 소비자는 가족(32%), SNS 인플루언서(29%), 친구(22%) 순으로 응답했다. 소비 활동에 가족보다 친구의 영향을 더 크게 받는 MZ 세대의 특성을 고려할 때, 과거 친구 등 또래 집단이 가지고 있던 영향력의 상당 부분을 SNS 인플루언서들이 행사하는 것으로 보인다.

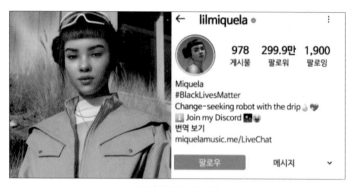

릴 미켈라 인스타그램

　SNS 인플루언서의 영향력이 커진다는 것은 라이브 커머스 시장에서 SNS 자체가 중요한 채널로 급부상하고 있다는 증거다. 역시 같은 회사의 조사에 의하면, 'SNS를 통한 쇼핑 이용 경험'을 묻는 말에서 57%가 '그렇다'고 답했으며, '이용 경험 플랫폼'은 카카오톡 등 메신저(37%), 인스타그램(29%), 페이스북(20%), 틱톡(4%) 순이었다. 또한 조사 대상자의 60%가 '라이브 커머스를 이용한 경험이 있다'고 응답했으며, 30%는 '라이브 커머스를 통한 구매 경험이 있다'고 했다. '라이브 커머스가 무엇인지 모른다'는 응답자는 9%에 그쳤다.

　전 세계적으로 어떤 인플루언서가 맹활약하고 있을까? 캘리포니아에 그 대표적인 모델이 있다. 릴 미켈라Lil Miquela는 20대 초반의 캘리포니아 출신 톱 소셜 미디어 인플루언서로 300만 팔로워를 보유하고 있다. 그녀에게 포스팅을 의뢰하면 게시물 하나당 약 1천 만 원, 그 외 협업은 억대의 가격이 붙는다고 한다. 이런 비싼 가격에도 세계적인 패션지 〈보그〉, 〈비즈니스 오브 패션BOF〉 등에서 높은 평가를 받는 유명 브랜드들은 그녀와 일하려고 줄을 선다고 한다. 이제 인플루언서는 생방송으로 제품을 파는 라이브 커머스까지 후끈 달아오르게 했다.

코로나19로 비대면은 일상이 되었다. 바로 이럴 때 인플루언서를 활용해 발 빠르게 피벗**Pivot, 방향을 바꾸다** 마케팅이 필요한 시점이다.

영국의 광고 전문가 협회**IPA**에 따르면, 2021년 글로벌 브랜드의 광고 예산은 20% 절감됐지만 인플루언서 기용은 46% 성장을 보였다고 한다. 미국 온라인 경제매체인 〈비즈니스인사이더〉는 2022년, 인플루언서 시장이 16조 원에 다다를 것이라고 예측했다. 초기의 인플루언서 마케팅은 연예인 섭외에 비해 낮은 비용과 인플루언서의 메시지에 호의적인 소비자의 태도 덕분에 주목받았다. 하지만 앞으로의 인플루언서 마케팅은 '성실함을 넘어 차별화된 매력 요소'가 있어야 성공을 노릴 수 있다.

해외뿐만 아니라 한국 시장에서도 인플루언서 활용의 모범 사례가 있다. 국내 인플루언서 중 브랜드와 팔로워의 사랑을 동시에 받는 인플루언서가 바로 '키그니 작가'다. 그는 인스타그램 계정에 올리는 일러스트로 독자들과 소통한다. 그의 작품에 담긴 '이 시대 사람들이 원하는 담백한 위로'는 잠시 웃으며 숨을 돌리게 해주는 콘텐츠로 꼽히고 있다. 키크니 작가는 독자가 보낸 사연을 바탕으로 부자연스럽거나 미화된 방식이 아니라 진솔하고 담백한 그림체의 게시물을 올린다.

실제로 한 팔로워는 자퇴하고 바닥난 자존감으로 괴로워하며 아버지가 자신을 어떻게 생각할지 궁금하다는 사연을 보냈다. 그러자 그는 사연인의 아버지가 딸의 신발 끈을 묶어주며 "가다가 (신발 끈이) 다시 풀려도 넌 고개 숙이지 마"라고 말하는 내용의 일러스트를 올렸다. 오로지 두 컷, 두 문장으로 이뤄진 이 게시물에 3만 개가 넘는 좋아요와 900개의 댓글이 달렸다. 보는 이는 몇 초 걸리지 않는 포스팅이지만 그 안에 함축적

키크니 작가 소개 이미지

으로 스토리를 푼 작가의 내공이 나타난다. 키크니 작가의 61만 명 팔로 워는 감동이 담긴 콘텐츠뿐 아니라 작가와 직접 소통이 가능한 댓글 놀이 에도 열광한다.

아모레 퍼시픽의 럭셔리 화장품 브랜드 헤라의 '아이 엠I Am' 캠페인은 세련된 인플루언서 활용으로 주목할 만하다. 헤라는 아모레 퍼시픽이 샤 넬처럼 고급스러운 이미지를 추구하며 만든 브랜드다. 김태희, 전지현, 블 랙핑크의 제니를 모델로 기용했고 다년간 서울 패션 위크의 스폰서였다.

그러나 2021년 여름, 헤라는 기존의 스타 마케팅을 답습하기보다는 파 격적인 행보를 보였다. 한국의 드랙 아티스트Drag Artist이자 인플루언서 인 나나 영롱 킴과 협업한 캠페인 영상을 공개한 것이다. 드랙Drag이란 자신의 타고난 성별, 성적 정체성에 반대되는 모습으로 꾸미는 행위를 뜻 하는 예술의 한 종류다. 나나 영롱 킴은 성소수자이자 약 16만의 개인 팔 로워를 보유한 인플루언서다. 그리고 그는 성 소수자에 관한 내용을 다뤄 10만 구독자를 지닌 유튜브 채널 네온밀크의 멤버이기도 하다. 나나 영롱 킴은 헤라와 협업한 캠페인 영상에서 '내가 (자기 삶의) 주인공이면 화려해도 되지 않을까… 새드엔딩 보다는 해피엔딩을 바란다'는 메시지를 전했다.

팬들은 아티스트의 프로다움에 반했고 멋지고 자랑스럽다는 지지의 댓글을 달았다. 동시에 국내 대형 화장품 브랜드가 성소수자 인플루언서와 협업했다는 행보는 그 사실만으로도 신선함을 불러왔다. 결과적으로 헤라의 'I AM아이엠' 캠페인은 나 자신을 정의하는 다양한 방법과 모습을 보여준다는 취지 아래 국내 타 브랜드나 기업은 도전해 보지 않은 컬래버레이션으로 기존 팬의 지지를 얻었을 뿐 아니라 새로운 팬을 영입하는 데도 성공했다. 이처럼 이제 인플루언서 마케팅 분야에서는 무엇보다 MZ 세대가 원하는 진정성을 토대로 폭넓은 시각으로 소비자와 소통하려는 브랜드의 행보를 원하고 있다.

아무리 인플루언서라고 해도 스폰서가 들어간 포스팅은 소비자들에게 환영받지 않는다. 소비자는 타 인플루언서의 거짓된 '내돈내산(내 돈 주고 내가 산)' 뒷광고 스캔들을 기억한다. 그런데 키크니 작가는 기업과 협업을 하는데도 좋아요와 댓글이 많이 붙는다. 이유는 바로 키크니 작가 특유의 재치와 솔직함 때문이다. 키크니 작가는 대 놓고 '자신은 상업 작가'라고 밝히며 소통한다. 이게 바로 역발상이다. 남들이 안 된다고 규정을 지어도 소비자들을 끌어 들이고 소통하는 방법은 따로 있다. 바로 뻔하지 않은 신선함과 솔직함이 필요하다.

소비자들은 광고비 받았다고 좋은 이야기만 하는 것을 선호하지 않는다. 브랜드의 스토리를 진정성 있고 솔직하게 풀어나가는 인플루언서를 좋아한다. 광고인 것을 알아도 멈출 수 없는 마력, 뒷 내용이 궁금하다면 끝까지 보게 되어 있다.

〈원가절감하던 그 삼성 맞나? 플래그십의 귀환 삼성 갤럭시 S22/S22+/S22 울트라 첫 인상!〉
조회 수 2022년 3월 기준 200만 명

트위터로 감자 20만 상자 완판한
강원 도지사와 막내 비서

강원도 최문순 도지사

강원도 하면 감자가 가장 먼저 떠오른다. 과자류의 재료가 되는 감자도 대부분 강원도에서 수급한다. 학교, 군부대 급식에 들어가는 감자도 전부 강원도 산이다. 그런데 코로나19로 강원도 감자의 판매량이 대폭 감소했다. 차곡차곡 쌓인 감자가 저장고에 1만 1천 톤이 넘었다. 감자는 버리는 데도 비용이 많이 드는데, 엎친 데 덮친 격으로 남부 지방 햇감자가 출시되면서 강원도 저장 감자를 찾는 곳은 더 줄어들었다. 그런데 기적 같은 일이 벌어졌다. 강원 도지사와 막내 비서가 트위터로 감자를 팔면서 그 모든 감자가 동이 났다.

2020년 3월, 최문순 강원 도지사는 비서관과 농정국 직원들을 불러 트위터로 감자를 팔아보자고 했다. 그가 직접 '감자 파는 도지사'로 트위터

최문순 강원 도지사와 막내 비서가 강원도 감자를 홍보하는 중
〈강원도청 유튜브 캡처〉

계정명을 바꾸고 열혈 홍보에 나섰다. 트위터만으로는 부족한 것 같아서 홈쇼핑 형태로 유튜브 동영상도 제작해보자고 했다. 이 모든 아이디어를 그가 냈다. 그리고 이걸 선두에서 실천한 주인공이 막내 비서 황푸름 주무관이다. 강원도는 감자 산업 육성 사업 예산 일부를 이용해 택배비 2천 500원, 상자값 950원과 카드 수수료를 지원했고 감자 10kg 한 상자의 판매가격은 택배비를 포함해 5천 원이 됐다.

강원도는 온라인 강원마트를 통해 본격 판매에 들어갔다. 소비자들의 반응은 폭발적이었다. 판매 첫날 오전 10시 온라인 판매 시작과 동시에 감자 수만 상자가 날개 돋친 듯 팔려나갔다. 매일 오전 온라인몰 오픈을 앞두고 강원도 감자를 사려는 대기 행렬을 두고 '포켓팅(포테이토+티켓팅)'이란 신조어도 생겼다. 코로나19 확산으로 오프라인 쇼핑을 꺼리던 소비자들을 겨냥한 온라인 마케팅이 적중한 것이다. 햇감자가 나오는 4월까지 재고를 소진하지 못하면 자칫 산지 폐기를 해야 했기에 더욱 소중한 성과였다. '한 상자(10kg)에 5천 원'이라는 적당한 가격으로 최 지사와 도청 직원들의 기발한 홍보가 더해져 판매에 들어간 20만 상자(2천 500톤)가 모두 판매되었다. 가공업체 납품 물량까지 더해 2주 만에 4천 톤을 판매했다.

강원도 감자 열풍의 숨은 주역은 강원도청 '막내 비서' 황푸름 주무관 이었다. 고객 만족CS 업무를 담당하고 있는 황 비서의 트위터는 자칫 예민해질 수 있는 포케팅 실패자들의 마음을 부드럽게 녹였다. 한꺼번에 100만 명이 넘는 이들이 몰리면서 서버가 다운됐던 2020년 3월 12일 밤에는 "여러분 감자는 어디 가지 않습니다"라며 놀란 구매자들을 '진정'시켰다. 다른 농산물 판매 계획을 질문에는 "#감자가_먼저다"라며 재치 있게 답하기도 했다.

당시 서버다운 사태로 고객 만족CS 업무를 담당하는 입장에서 엄청난 비난을 들었다고 한다. 당시 황 비서관이 밤늦은 시간에 올린 사과문이 화제가 되기도 했다. 사람들이 "언제까지 사람들이 이 감자에 목매달 것

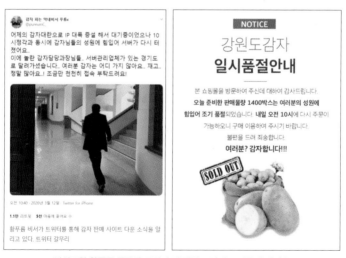

강원도청 황푸름 주무관 트위터 및 강원도 감자 조기품절 안내문

같냐"고 항의해서 일단 죄송한 입장이니 사과부터 드렸다고 한다. 아무튼 해프닝도 있었지만 최 지사의 아이디어에 막내 비서의 퇴근을 잊은 열정이 강원도 감자 열풍을 일으킨건 사실이다. 농가는 어떻게 이 많은 감자를 처분할 것인가 한숨만 쉬고 있었는데 단 며칠 만에 완판을 이룬 그 결과가 기적처럼 보였다. 그리고 그 힘이 SNS였다는 사실에 자각하기 시작했다.

그런데 강원도 최문순 도지사의 SNS를 통한 감자 열풍은 이번이 처음이 아니었다. 품목은 다르지만 2013년 강원 동해안을 대표하는 도루묵이 풍어로 재고가 쌓이자 SNS를 통해 '알배기 생선 팔이'에 나서 도루묵 10만 5천 상자를 완판하기도 했다. 금액으로 따지면 11억 2천 600만 원의 엄청난 판매고였다. 강원도의 SNS 마케팅은 감자, 생선 등에 그치지 않고 화훼농가의 판매에도 나서는 등 도내 농수산물의 판매에 혁혁한 공을 올리고 있다.

최문순 강원 도지사의 트위터

강원도의 SNS 성공 포인트

강원도의 성공에 힘입어 다른 지방자치단체들도 SNS 마케팅에 나서고 있다. 그러나 성공을 위해서는 반드시 지켜야 할 원칙이 있다. 우선 첫 번째 원칙은, 논란이 되는 건 하지 말자는 것이다. 선을 지키려고 노력하고 시대에 뒤떨어지지 않기 위해 많은 콘텐츠를 봐야 한다. 또한 서로서로 문제가 될 부분은 없는지 점검해주는 팀원들의 '크로스 체킹'도, 자연스러운 소통도 아주 중요하다.

그리고 직급과 상관없는 아이디어를 서로 존중하고, 끼를 존중해야 한다. 당연히 피드백도 빨라야 하며 고객과의 소통을 위해 유연하고 수평적인 분위기가 갖추어져야 한다. 강원도 감자의 화제의 요소 중 하나는 트위터 닉네임이다. 당신은 귀한 사람(최문순의 정치 철학)에서 '감자 파는 도지사'로 바꾸며, 프로필 사진은 감자를 양손에 들고 웃고 있는 자기 얼굴로 빠르게 바꾸어 재미 요소도 더 했다. 직위보다는 행동을 선택한 것이다. 발 벗고 나선 농가들을 위한 그의 진심의 효과는 어마어마했다. 보통 사장의 권위나 나이에 대한 권위 때문에 마케팅 실행에 어려움을 겪는 경우가 있는데 이러한 사례를 통해 설득의 한 가지 예로 활용하는 것도 좋을 것이다.

변화의 몸부림?
이젠 공무원도 유튜브에 도전한다

공정위 TV

'무사안일, 복지부동, 철밥통은 공무원에 대한 비판에서 항상 거론되는 수식어이며, 이에 대해 결코 틀렸다고 말할 수 없는 것이 공무원들의 현실이다'라고 나무위키에서 찾아볼 수 있다. 하지만 다소 보수적인 이미지의 공무원들도 이제 SNS의 파도에서 벗어나지 못하게 되었다. 현재 공무원의 SNS 성향을 보면 그야말로 B급 감성의 열풍이 거세다 할 수 있다. 그 지역뿐만 아니라 대한민국 전체의 관심을 끌기 위해 SNS로 정책홍보에 열을 올리는 중이다.

공정위 유튜브 채널인 '공정위 TV'에는 '임근태의 톡톡톡'이라는 코너가 가장 상단에 자리 한다. 영상의 대문 격인 섬네일만 보면 어설픈 B급 감성 흉내 영상에 지나지 않아 보이지만 내용은 공정거래법, 공정위 정책

왼쪽 위부터 시계방향으로 충주씨, 충주 홍보맨, 여주시 '깡무원', 강원도 유튜브 운영진

내용 등으로 알차게 구성되어 있다. 건강한 라면 요리법을 소개하는 '짜장 비빔라면 특별 레시피 공개' 영상은 공정위와 한국소비자원이 발표한 짜장라면·비빔라면 나트륨 함량 보도자료를 토대로 만들어졌다. 추석 특집 방송으로 어머님들을 모시고 진행한 영상에서는 '어르신들의 전자거래 피해 예방 내용'을 담기도 했다.

환경부 소속 한국환경산업기술원 유튜브는 어색하지만 나름 재미도 추구했다. 유제철 원장은 47초짜리 짧은 영상에 직접 출연해 탄소중립 춤을 추고 주문을 외우는 것 같은 노래를 부른다. 중간중간 '텀블러 사용', '저탄소 제품'이라는 단어가 나오지만 특별히 탄소중립을 장황하게 설명하는 내용은 없다. 해당 영상은 2만 3천 회의 조회 수를 넘기며 뜨거운 반응을 보였다. 강원도는 구독자 1만 명 돌파를 기념해 유튜브 담당자들이 에어로빅 옷을 입고 복고풍 댄스를 추는 영상으로 94만 조회 수를 기록했다. 경직된 분위기의 사무실에서 춤을 추는 모습을 담았는데 '공공 배달 앱' 등 정책 홍보가 뜬금없이 나온다. 여주시는 '산불 조심'이 적힌 모자를 눌러쓰고 '깡' 춤을 추는 '깡무원'이 인기를 끌었다. '중년 공무원 유튜버'도 등장했다. 한국관광공사는 시니어 직원이 인턴 콘셉트로 관광 전반에 대해 토크하는 '만렙인턴 박상철' 시리즈가 관심을 받았다.

공무원들이 유튜브의 바다에 뛰어드는 이유가 뭘까? 공무원들이 말하고자 하는 홍보성 이슈는 기사로도 잘 안 다뤄주고, 사보는 일부 고정 독자만 있었다. 그래서 변화에 맞는 소통을 해보고자 유튜브를 한 것이다. 원래 오프라인, 홈페이지, 시정 홍보 TV 등을 이용했는데 요즘 대세를 안 따라갈 수가 없었다. 이제는 시 정책 홍보 영상도 유튜브 전용 영상으로 바뀌어 가고 있다. 유튜브 소통이 필수가 되면서 부처별 디지털 소통팀이나 뉴미디어 팀도 '필수'가 되었고, '유튜브 아이디어'와 '끼 넘치는 공무원' 발굴도 계속 이어지고 있다. 충주 홍보맨 캐릭터를 내세운 '충TV'는 예능 요소를 갖춘 콘텐츠로 대박을 터뜨렸다. 구독자 수가 20만 명을 넘었다. 이러한 성과를 보며 아마도 제2 제3의 '충TV'를 꿈꾸는 지자체가 늘어날 것으로 예상된다.

공무원들이 만든 영상이라 재미가 없을 것 같지만 의외로 재미와 웃음이 터지는 영상들도 많다. 청주시가 제작한 웹드라마는 황당한 설정으로 '짤'이 만들어질 정도로 유명해졌는데, 제목도 청주시 '봉명동'이 연상되도록 '사랑인 게 봉명해'로 유쾌하게 정했다. 내용에는 드라마틱한 재미도 더했다. 연인이 헤어지는 장면에서 남성이 33만 원을 돌려 달라고 하자 여성은 "찌질하다"고 말하며 30만 원과 청주페이 카드를 던진다. 그러면서 "충전하면 10% 인센티브 들어오니까 나머지 3만 원은 충전해서 써!"라고 말한다. 부산시의 '붓싼뉴스' 채널은 사투리 뉴스로 화제가 됐고, 시 브리핑 때 시민 질문을 반영하면서 시민과의 소통을 늘려나갔다. 노은영

PD는 "코로나19 확산을 겪으면서 기자 브리핑을 대면으로 할 수 없어 비대면으로 바꿨고, 시민 질문을 브리핑에 전달해서 답변했다"고 말했다. 경북은 세로 영상으로 된 짧은 뉴스 '이슈보이스' 콘텐츠를 통해 숏폼 뉴스를 선보였다. 장수환 경북도 대변인실 뉴미디어 팀장은 "뉴스 같지 않은 구성으로, 도민 실생활과 관련된 정보를 제공하려 했다. 몇 편 쌓이고 나니 어느 정도 독자가 생겼다"고 설명한다.

자체적으로 '충주씨' 채널은 '사과하십쇼'와 '사과 사십쇼'를 뒤섞은 가사의 '충주 사과 홍보' 노래로 전국구 유튜브 채널이 됐다. 누리꾼들은 "사과하라는 건지 사라는 건지 정신이 혼미하다" "이거 진짜 홍보 잘 되는 거 아는지, 아이들이 듣고 '사과=충주' 성립됨" 등의 재미있는 반응을 보였다.

딱딱함과 권위를 벗어 던지는 것, 결국 의외성이 중요하다. 공무원들은 이러했는데 전혀 달라진 모습을 보여주어야 한다. 달라진 모습은 재미 요소가 필수다. 다만 유튜브가 지니는 휘발성, 양면성을 조심할 필요가 있다. 사내의 한 부서에서 유명 유튜브 채널과 협업했는데 조회 수는 많았어도 부정적인 댓글이 달리면서 역효과가 나기도 했다. 공공기관 유튜브 콘텐츠 제작 경험이 있는 한 콘텐츠 제작사 관계자는 공공기관, 지자체에서 '바이럴'에 주목하는데, 정작 이 바이럴이 해당 기관에 어떤 의미에서 도움이 되는지는 명확하게 고민하지 않는다고 했다. 잇따라 나오고 있는 B급 공무원 캐릭터들이 실제 어떤 효과를 거두는지도 의문이다. 그러므로 '다른 부처에서 하니까 우리도 한다'는 마인드에서 벗어나 국민들과의 소통을 진지하게 고민하는 SNS 영상을 제작해야 성공할 것으로 보인다. 하지만 적어도 SNS 채널을 통해 시민들의 목소리를 듣고 소통하기에 더 수월해진 것은 사실이다. 방향성을 잘 잡고 지속한다면 원하는 효과를 얻을 수 있을 것이다.

지역 특산물 판매를 연계한 '보이소TV' 콘텐츠 갈무리

SNS 마케팅 꿀팁 하나

믹시Mixi, 트위터, 페이스북, 구글플러스, 텀블러, 링크드인, 포스퀘어, 인스타그램, 틱톡, 에이트 등 모든 SNS의 기본 법칙은 변하지 않는다.

1 사람들은 글을 잘 읽지 않는다

2 화면 너머의 상대방을 살아있는 인간으로서 바라본다

3 자기만족을 위한 게시물(재미있는)을 올리지 않는다

4 내용이 잘 전달되도록 제목을 붙인다

5 보여주고 싶은 사진은 한두 장으로 압축한다

6 남의 흉내를 내지 않고, 상품, 서비스, 브랜드 이미지를 좋게 인식하게 할 수 있는 상황과 생활을 상상하도록 하는 게시물을 올린다

7 기업계정은 처음부터 설계도를 확실히 만들고 나서 시작해야 한다

8 설계도를 만들 때는 '전달하고 싶은 것(목적)'과 '그 너머에 있는 것(뜻, 이념)'을 명확히 해야 한다

  예) 과자 가게 SNS라면, 사람들이 가게를 방문하는 것이 목적이며 '우리 가게의 정말로 맛있는 상품을 사람들에게 알리고 싶다'가 이념과 뜻이다

9 자신의 상품, 서비스를 통해 고객이 어떻게 되기를 바라는지, 자신들의 서비스로 사회를 어떻게 바꾸고 싶은지, 이처럼 비즈니스를 초월한 뜻과 이념을 통해 움직여야 결과적으로 더 좋은 성과를 낼 수 있다

10 부정적인 반응에 일희일비하지 않는다

11 사람들이 알아주지 않는다면 아무 일도 일어나지 않는 것이나 마찬가지다

무지하게 신발 사진 많은 곳에서
국내 최초 패션 유니콘이 되다

무신사

무신사의 2021년 현재 거래액은 2조 3천여억 원에 이른다고 한다. 2020년 대비 90% 성장하였다. 주요 패션 플랫폼인 브랜디와 더블유 콘셉트, 에이블리, 지그재그를 합친 것보다 많다고 한다.

대한민국 최대 규모의 온라인 편집숍인 무신사는 처음에는 의류 쇼핑몰이 아니었다. 무신사는 2001년 '무진장 신발 사진이 많은 곳'이란 이름으로 커뮤니티를 개설해 운영하다가 길거리 패션 등을 소개하는 '무신사 매거진'을 발행하였고, 2009년에는 쇼핑몰 기능을 도입해 현재의 무신사가 만들어졌다. 그래서 무신사 홈페이지를 보면 온라인 쇼핑몰 느낌보다는 커뮤니티 게시판 느낌이 나기도 한다.

무신사가 이렇게 커지게 된 것은 바로 콘텐츠의 힘이다. '무지 신발 사

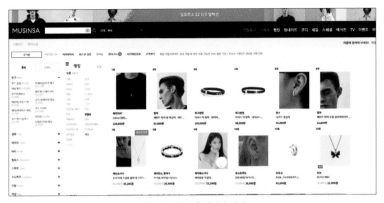

무신사 스토어 홈페이지 메인

진 많은 곳'이라고 불릴 만큼 볼거리가 많았다. 패션에 관심 많았던 조만
호 대표가 카메라를 가지고 동대문에서 사진을 찍은 것에서 출발했다.
그리고 커뮤니티를 중심으로 발전하며 매거진을 발행하면서 독보적인

유아인 x 무신사 '유아인 무신사' 캠페인

무신사 공식 유튜브 채널 홈 화면

행보를 걸어가고 있었다. 무신사가 시작할 때는 아무도 경쟁자가 없었었다고 볼 수 있다. 무신사는 스트리트 패션을 소개해주었고 당시 패션 웹진의 가입자가 25만 명이 있었다. 무신사가 스토어를 오픈하기 전부터 이미 고객들이 모여 있던 셈이다.

무신사는 마케팅 비용도 아끼지 않았다. 2016년에는 광고비가 11억 원이었는데 2017년에는 53억 원, 2018년에는 134억 원으로 급증했다. 2021년에는 〈오징어 게임〉으로 글로벌 대세에 부상한 정호연을 브랜드 뮤즈로 발탁하기도 했다. '셀럽도 다 무신사랑'이라는 캠페인을 성공적으로 이끌어 가고 있다. 2019년에는 무신사 TV를 론칭했다. 현재 구독자는 24만 3천 명에 이른다. '옷페소생술, 셀럽도 다 무신사랑, 브랜드백서' 등 무신사만이 가지고 있는 콘텐츠를 잘 활용하고 있다. 특히 유아인으로 시작된 '무신사랑해'는 당시 스타트업이 탑 모델을 쓴다는 점에서 화젯거리가 되었다. 또한 캠페인도 특별하다. '셀럽=셀프 유얼 러브'라는 뜻을 담고 있다. 위로를 담고 있는 메시지까지 나만의 스타일과 나만의 취향을 사랑하는 법까지 공유하고 있다. 캠페인을 통해서 패션의 가치를 새롭게 정의 내린 것이다. 무신사의 인지도도 캠페인이 진행될수록 한 단계 업그레이드 됐다.

무신사의 셀프 러브**Self Love** 캠페인은 블랙프라이데이 시기에 진행했다. 그 결과 블랙프라이데이 당시 7일간 906만 명 이상이 무신사를 방문했고 분당 최대 동시 접속 회원 수가 7만 9천 명 정도로 전주 대비 3배 이상 급증했다고 한다. 이러한 커뮤니티의 기반으로 한 성장이 얼마나 거대해질 수 있는지 무신사가 직접 보여주고 있다.

무신사 블랙 프라이데이 세일 안내

무신사의 SNS 성공 포인트

무신사는 콘텐츠로 사람을 그러모으고 콘텐츠로 사람들과 소통하며 신뢰를 쌓고 있다. 무신사는 브랜드를 만들고 있다. '셀럽도 다 무신사랑'이라는 메시지를 지속해서 던진다. 1년 이상 유아인이 뮤즈로 활동하고 있는데, 이는 초기 인지도 상승을 위해서 단발성으로 쓴 게 아니라 핵심 메시지를 일관성 있게 전달하기 위함이다. 일반 광고와는 다르다. 무신사는 광고를 하는 게 아니라 브랜딩하고 있다. 그래서 무신사는 TV 광고를 진행할 수 있는 비용으로 셀럽을 초대해 인터뷰 형식으로 영상을 만들어 광고비 이상의 노출 효과를 얻을 수 있었다. 사람들은 싸다고 사는 게 아니다. 갖고 싶을 때 산다. 그러므로 갖고 싶게 만드는 게 핵심이다. 과거에는 필요에 의해 소비했지만 이제는 감성과 의미 때문에 가치 소비하기도 한다. 단순히 물건만 파는 브랜드는 사람들에게 잊힐 수도 있다. 무신사는 '셀럽도 다 무신사랑'이라는 메시지를 가지고 브랜드 메시지를 전달하고, 팬층을 만들어가는 중이다.

6년째 스스로 성장 중인 문구 브랜드가 있다

모트모트

||||||||||||||||||||||||||||||||||||||||||||||||||||||||||||||||||||||||||||||||||||||||

플래너 하면 무슨 생각이 드는가? 아날로그 느낌이 가득한 지류이지 않을까? 플래너를 줘도 안 쓰는 사람이 있는데 여기 무려 인스타그램 해시태그 91만 개를 기록하고 있으며 17만 팔로워를 가진 '모트모트'라는 브랜드가 있다.

2016년 론칭 이후로 매년 꾸준한 매출 상승을 보여주고 있다고 한다. 종이 노트가 뭐길래 사람들이 이렇게 열광하는 것일까? 모트모트는 플래너를 파는 회사가 아니다. 개인의 성장을 돕는 도구를 만드는 브랜드다. 그래서 플래너를 팔고 온라인에서는 다양한 SNS 마케팅을 진행하고 있다. '로켓단'이라는 온라인 미션 수행단을 만들었다. 같은 목표를 가진 학생들이 채팅방을 만들어 미션을 수행하고, 각자의 플래너를 SNS에 업로

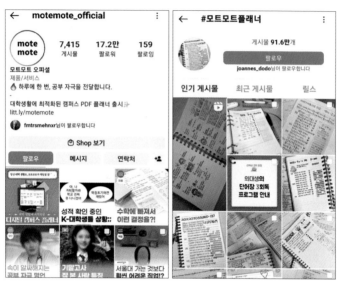

모트모트 공식 인스타그램, 모트모트플래너 해시태그 검색 결과

드하여 인증한다. 결속력뿐만 아니라 2차 콘텐츠를 만드는 역할도 하고 있다.

모트모트는 플래너를 사용하는 사람을 위한 모든 콘텐츠를 만든다. 플래너가 워낙 인기가 좋아 다른 분야로 확장도 생각했지만, 주 고객인 청소년과 수험생을 선택했다. 그럼 타깃들이 필요한 콘텐츠는 무엇일까? 유튜브의 모트 독서실도 화제가 되었다. 코로나19로 학교, 도서관이 모두 문을 닫아 혼자 공부해야 했지만 모트모트는 공부하는 모습을 생중계하는 라이브 방송을 하였다. 게다가 메타버스가 핫한 이 시기에는 메타버스 공간에도 독서실을 만들었다.

인스타그램 못지않게 모트모트는 유튜브에서도 활약이 대단하다. 구독자는 13만 명이 넘는다. 유튜브에서는 유튜브 플랫폼에 맞는 다양한

모트모트 블로그 게시글(섬네일)
(출처: https://blog.naver.com/motemote_official/222667305956)

콘텐츠들이 준비되어 있다. 공부할 때 듣기 좋은 음악은 100만 조회 수가 넘는 게 10개 이상이다. 그렇다면 수험생들이 궁금한 게 무엇일까? 바로 합격자 이야기이다. 모트모트는 명문대 학생들을 초청해 플래너 쓰는 방법도 공유하고 실제 수능 만점자를 초청해 실제 수능 문제를 푸는 모습도

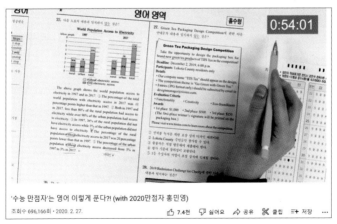

'수능 만점자'는 영어 이렇게 푼다?! (with 2020만점자 홍민영)

유튜브 채널 '모트모트TV'

콘텐츠로 보여주고 있다.

마치 수험생들이라도 됐는지 수험생이 궁금해 하는 걸 모두 현실화하여 콘텐츠로 보여준다. 이건 우연이 아니다. 직접 페르소나가 되어야 한다고 생각하여 직원들도 주말에 학원을 다니거나 출근 전 공부하기도 한다고 한다. 그래서 인스타그램에서도 공부 자극 스토리부터 합격 수기, 인생 조언까지 뭐 하나 빠짐없이 제공되고 있다.

SNS 매체마다 특징이 있는데 그 특징을 살려 콘텐츠를 만든다. 이런 아이디어는 모트모트 내에서만 나올 수 있었던 것일까? 아닐 것이다. 모트모트의 웹사이트에 들어가 보면 모트모트 랩이 고정 배너로 있다. 누구나 아이디어를 제안할 수 있는 공간이며, 노트에 관한 이야기가 아니더라도 다양한 의견을 전할 수 있다. 모트모트는 고객의 이야기에 귀 기울인다. 사소한 것 하나하나 놓치지 않기에 고객이 말한 것이 제품에 반영이 되니 만족감을 느끼며 더 쓰고 입소문이 난다. 이처럼 고객의 불편함을 해결해야 한다. '현장에 답이 있다'는 철학으로, '고객을 창출하면 이익은 따라온다'는 말을 제대로 입증한 사례라 하겠다.

모트모트의 SNS 성공 포인트

모트모트는 플래너를 구매한 사람이 고객이 되는 게 아니라 SNS 채널에서 고객을 만들어서 플래너를 구매하게 한다. 타깃이 필요한 걸 제공해주고 자연스럽게 고객이 되게 한다. 그리고 고객이 필요하거나 공유하게 하고 응원하게 만들고 이야기하게 유도하는 장을 제공한다. 즉, 커뮤니티가 되는 것이다. 그 부분에 대한 관리와 이벤트 등만 해주면 어느 순간부터는 가파르게 브랜드가 성장한다. 사람들은 정보를 서로 주고받고 싶어 하며, 동기부여가 필요하다. 그러한 정보와 감성 등을 다 자극한 좋은 케이스가 아닌가 싶다.

보통 처음 사업을 하는 사람들은 '아이템이 좋아서'라는 단순한 동기가 많다. 하지만 너무 좋은 아이템이라도 알려지지 않으면 말짱 도루묵이다. 사업은 제작에서 끝이 아니다. 마케팅이 같이 병행되어야 한다. 마케팅의 중심에는 사람이 있고, 그 사람들이 커뮤니티를 형성하게 되면, 매출은 자연스럽게 따라올 것이다.

책이 아닌 문화를 파는
즐거운 시도를 꿈꾸는 독립서점

오키로북스, 어서어서

||||||||||||||||||||||||||||||||||||||||||||||||||||||||||||||||||||||||||||||||||||||||||||||||

'콘텐츠과 성장을 판다'는 모토의 독립서점이 있다. 경기도 부천에 위치한 이 독립서점은 인스타그램 팔로워가 무려 3만 명이 넘는다. 일반 개인들도 달성하기 꽤 어려운데 서점이 해내고 있다. 그 비결은 바로, 책만 파는 게 아니라 성장을 팔고 있기 때문이다. 또한 일반적인 독립서점들과 다르게 책이 아닌 '인스타그램을 통한 재미 요소'와 '포장'을 통해 알려졌다.

독립서점은 편리한 온라인 서점과 대형 서점과는 다른 차별점, 다시 말해 특색이 있어야 한다. 그래야 MZ 세대에게도 인기를 얻을 수 있다. 그들은 개인의 취향을 중요하게 여기기 때문이다. 그래서 인기 있는 독립서점을 보면 서점 운영자를 살펴보게 된다. 어떤 책을 선정하고 어떤 콘텐츠를 보여줄 것인지가 성장의 열쇠이기 때문이다. 오키로북스의 SNS

오키로북스 인스타그램 메인 페이지

를 보자 손님들이 추천하는 아이템, 명소가 콘텐츠가 되고 있으며, 오키로 북스만의 워크숍, 클래스가 진행되고 있다. 그리고 하나의 콘텐츠를 만들더라도 모든 콘텐츠에 오키로북스의 이야기도 빠지지 않는다. 책만 파는 곳이 아니라 소통하며 살아 숨을 쉬는 서점이 되고 있다. 그리고 책을 팔기도 하지만, 스스로 책을 제작할 수 있는 워크숍과 글쓰기 수업 등 다양한 프로그램, 온라인 모임이나 구독 서비스를 통해서 더 큰 수익을 내고 있다는 점을 주목해야 한다.

경주의 한 독립서점은 참고서, 문제집 없이도 월 최대 6천 만 원 매출을 내고 경주 핫플레이스가 된 곳이 있다. 바로 어디에나 있는 서점, 어디

독립서점 어서어서의 인스타그램 및 홍보용 봉투 및 매장 전경

에도 없는 서점이라는 뜻의 '어서어서'이다. 경주 여행 코스 중 하나로 핫 플레이스라고 불리는데 과연 어떤 점이 다른 걸까?

이곳은 '경주의 교보문고'라고 불리며, 포스터와 책들로 인테리어가 구성되어 있다. 경주라는 도시의 매력을 담아 더욱 매력적으로 느껴지는 서점이며, '책을 처방해주고 마음을 낫게 해준다'는 콘셉트를 가지고 있다. 책을 구입하면 서점 주인은 이름을 묻고 '처방전'이라 쓰인 약 봉투에 이름을 써서 책을 포장해주는 것이 이 서점만의 독특한 특징이다. 책이 마음을 치유해주는 약으로 비유된 포인트가 무척이나 인상 깊다. 그리고 이 특별함 때문에 사람들은 일부러 방문해서 구매하고 SNS의 인증샷을 올린다. 이 인증샷을 보고 또 다른 사람들이 이 독립서점을 알게 되고, 찾아오며, 그 찾아온 사람이 다시 인증샷을 올리면서 다른 사람에게 홍보하는 선순환 구조로 진입하게 된다. #어서어서 해시태그 개수는 3만 1천 개로, 이는 독립서점이라는 분야에서는 과히 최고의 숫자라 할 수 있다.

독립서점의 SNS 성공 포인트

오키로북스의 SNS를 보면 서점 주인장, 직원들의 머릿속이 훤히 보인다고 표현할 수 있다. 주인장의 열정과 고뇌는 독립서점의 팬덤을 더욱 형성해 주는 것 같다. 프랜차이즈나 큰 매장이 하기 힘든 고객들과의 진심 어린 소통이라는 부분도 독립서점만이 가진 큰 강점이라고 볼 수 있다. 일반 서점에 비해 하나부터 열까지 주인장의 손을 거쳐서 번거로울 수도 있지만 이것이 독립서점만의 매력이다.

경주의 어서어서는 감각적인 인테리어로 젊은 층의 마음을 사로잡았다. 경주에는 문화재는 많지만, 문화생활을 즐기기 어려운 도시라고 한다. 하지만 그런 상황에서도 어서어서는 '책이라는 문화를 팔면서도 성공을 보여주고 싶었다'고 한다. 또한 '처방전이라는 약 봉투'로 책을 담아 주어 신선함을 주었다. 이런 노력이 사람들에게 SNS인증샷에 업로드하게 만드는 요소가 되어 많은 사람들에게 전파되면서 홍보 효과를 톡톡히 본 셈이다. 성공한 독립서점은 책이 아닌 문화를 파는 곳이라는 생각이 든다. 오키로북스는 성장을 판매하고 어서어서는 책을 처방해준다.

젊은 층을 겨냥한
'태그니티' 마케팅

MZ 세대 타깃마케팅

해시태그 단어 이미지

태그니티는 무슨 의미일까? 태그니티는 해시태그의 태그Tag와 공동체, 집단을 의미하는 커뮤니티 Community의 합성어다. 이 태그니티는 SNS 마케팅의 핵심 키워드 중의 하나이다. 이 단어가 등장한 지도 이미 6년이 넘었다. 태그니티는 2015년 페이스북, 트위터 등 소셜 미디어의 영향력이 부상하면서 등장한 단어인데 이제는 MZ 세대를 위한 최적화된 마케팅으로 더욱 주목받고 있다.

태그니티 마케팅의 메인 타깃은 이 책 안에서도 너무 자주 등장하는

남의집 사이트 화면

MZ 세대들이다. 이들은 취향 소비를 중요하게 생각하며 같은 취미나 취향을 공유하는 사람들끼리 모임을 주도한다. 기업 입장에서는 타깃이 한 곳에 다 모여 있기에 이들을 대상으로 한 이벤트만 효과적으로 진행해도 대박을 올릴 수 있기 때문에 그 가치가 더욱 높아지고 있다. 예를 들어 MZ 세대 사이에서 갑자기 골프가 유행하면서, 골프 초보자를 뜻하는 '골린이' 해시태그 건수가 급증했는데, 이에 따라 골프용품 브랜드는 인플루언서를 통해 자사 제품을 홍보하거나 직접 브랜드 계정을 만드는 등 다양한 태그니티 마케팅을 펼치고 있다.

태그니티 마케팅의 시초는 카페 커뮤니티로부터 시작되어 비슷한 취향을 가진 사람들이 이용하는 플랫폼으로 발전했다. '트레바리' 같은 공통된 지적 취향으로 모인 독서 모임 플랫폼, '클래스101'과 같은 재능 공유 플랫폼이 그 예라고 할 수 있다. 거실 여행 플랫폼 '남의 집 프로젝트(남의 집)'는 자신의 취향대로 꾸민 공간에 사람들을 초대할 수 있고, 함께 즐기거나 공유할 수 있는 취향에 맞춰 입장료를 내고 참여할 수 있다. '남의 집' 측은 사업을 여행 비즈니스로 분류한다. 현대인을 위한 새로운 형식의 여행 플랫폼으로, 여행 취향이 비슷한 사람들이 하나의 공동체로 엮여 자신들의 취향을 공유한다.

앞서 설명한 트레바리, 클래스101 등의 서비스는 호스트가 되는데 오랜 경험이나 깊이 있는 지식이 필요하다면, 남의 집에서는 자신의 평범한 일상이 콘텐츠가 되어 모임을 만들 수 있다. 남의 집은 보이차로 심신을 치유한 호스트의 다도실에 20회가 넘는 사람들이 모이고, 맏며느리로 제사를 30년간 모신 호스트가 따뜻한 동네 아줌마가 되어 힐링할 수 있는 모임을 만들 수 있는 곳이 된다.

태그니티 마케팅에 불을 붙인 것은 '민초단' 트렌드다. 민초단을 태그니티 마케팅의 무기로 삼은 곳은 배스킨라빈스가 대표적이다. 민초단은 민트와 초콜릿을 섞어 만든 디저트인 민트초코를 좋아하는 사람을 가리키는 신조어이다. 반면 민트초코를 싫어하는 사람을 '반(反)민초단'이라고 한다. '민초단'은 '민트 초콜릿을 좋아하는가'라는 질문이 유명인들의 인터뷰에 자주 등장하고, 해당 인물이 민트초코에 대한 취향을 밝힐 때마다 SNS에 이를 둘러싼 뜨거운 논쟁이 전개될 정도로 하나의 문화로까지 자리 잡았다. 이처럼 일종의 밈으로까지 확산한 민트초코를 주목한 유통업계에서는 이를 활용한 다양한 상품을 출시하고 있다.

배스킨라빈스는 민트초코 봉봉 출시 20일 만에 누적 판매량 200만 개를 넘기며 역대 신제품 중 전체 판매량 1위를 달성하기도 했다. '브레이브걸스는 전원이 민초단' '황광희 알고 보니 반민초단'이란 제목의 온라인 기사가 실시간으로 나올 정도로 연예인 민초단에 대한 관심도 높다. 민초단의 가장 대표적인 연예인이 바로 아이유다. 유튜브 채널에서 한 팬이 '대체 민트초코 매력이 뭔가요?'라는 질문에 아이유는 '민트초코 매력을 바로 느끼지 못한다니 안됐다'라며 대답할 정도이다. 방탄소년단의 정

민초단의 대표격 연예인인 아이유

국·제이홉, 백종원, 강다니엘, 트와이스의 사나, 장원영 등이 모두 민초단에 속한다. 식음료업계도 민초단의 의견을 적극적으로 제품에 반영했다. 서울우유와 동서식품 카누는 모두 '민트초코라떼'를 출시했으며, 파리바게뜨는 민트초코 마카롱, 민트반 초코반 케이크 등 7가지 제품군으로 구성된 '쿨 민초 컬렉션'을 선보였다.

배달의민족은 식자재 온라인 쇼핑몰 배민상회에서 치킨용 민트초코소스를 이벤트성으로 판매하기도 했으며, 애경산업은 배스킨라빈스와 협업해 '민초 치약칫솔 세트'를 출시했다. 물론 반민초단의 저항이 없었던 것은 아니지만 그런데도 이들 민초 제품들은 꾸준하게 인기를 얻어 배스킨라빈스가 한정판으로 내놓은 '민트초코봉봉'은 한 달간 싱글 레귤러 기준으로 300만 컵이 판매되면서 신제품으로 역대 최고 판매 기록을 세웠다. 스타벅스도 '민트 초콜릿 칩 블렌디드'를 선보였는데, 이는 출시 2주 만에 50만 잔 판매를 돌파하는 성과를 거두기도 했다.

태그니티의 SNS 성공 포인트

태그니티 마케팅은 유튜브 크리에이터, 인플루언서 등을 중심으로 빠르게 성장했다. 태그니티 마케팅의 성공 요인은 MZ 세대들에게 어필되는 유튜버 등 자신만의 콘텐츠와 본인만의 아이덴티티가 담긴 굿즈를 함께 선보이면서 팬들과 소비자들에게 특별한 가치를 주는 것이다. 공통된 취향으로 또 다른 공동체가 만들어지고 공감을 이끌면서 태그니티 이슈는 앞으로도 이어질 것이다.

개인의 취향이 더 강조되고 집단을 형성하고 있다. 태그를 통해서 그 집단에서의 소속감을 느낀다. 취향 공동체를 저격하여 그 집단의 팬덤을 살 수 있는 좋은 방법이다. 새로운 것을 빠르게 배우는 MZ 세대의 특성상 다른 태그니티가 나오더라도 금방 적응한다. 4050 여성층도 김미경, 켈리최 챌린지 등을 통해서 태그니티 문화에 적응하기 시작했다. 코로나19로 온라인이 더 강화되는 시점에서 언택트 공동체는 더욱 커질 것이다. 태그니티를 잘 활용하여 그 위력을 느껴보자.

굿즈 살테니
본품은 덤으로 주세요

굿즈 마케팅

||||||||||||||||||||||||||||||||||||||||||||||||||||||||||||||||||||||

고객의 라이프 스타일을 분석해 내놓은 감성 템 굿즈의 인기가 뜨겁다. 고객에게 소소한 행복을 주고 친구들에게 작은 자랑거리를 제공하는 굿즈 마케팅은 카페 계에서는 스타벅스가 먼저 시작해서 이제 모든 카페가 선택이 아닌 필수가 된 상태다. 코로나19로 생활 반경이 축소된 고객들을 사로잡으려면 이런 감수성 어린 접근이 필요하다. 할리스는 디즈니, 해리포터 등의 다양한 브랜드와 협업한 굿즈를 지속해서 출시하고 있다. 홈 카페 트렌드를 반영한 테이블웨어, 비대면 여행에 나선 소비자들을 위한 캠핑 굿즈 등을 출시하며 소비자들의 일상을 특별하게 만드는 라이프 스타일 브랜드로서의 영역도 확장해 나가는 중이다.

SPC 삼립은 개그맨 김국진, 아이돌 핑클, 포켓몬스터의 스티커를 빵에

한 편의점에 붙여 둔 품절 안내문

넣었는데 그중에서도 포켓몬스터 빵의 인기는 엄청났다. 그 희소성 높은 캐릭터를 얻기 위해 고객들은 몇 번이고 빵을 사는 희생까지 감수해야 했다. 이 덕분에 당시 SPC 삼립은 월평균 40억 원의 매출을 기록했다. 사실 굿즈는 본 제품을 사고 증정의 의미로 제공되는 사은품 개념이다. 그런데 이제는 추가 금액을 내야 받을 수 있거나 얼마 이상 구매해야 받을 수 있을 정도의 인기이다. 포켓몬 빵은 부모들이 자식을 위해 너도나도 미리가서 줄 서 있어야 하는 정말 사기 힘든 빵이 되어버렸다.

굿즈 열풍의 시초는 뭐니 뭐니 해도 스타벅스다. 스타벅스가 출시한 '레디 백'은 17잔의 음료를 마셔야 수령할 수 있다는 조건임에도 불구하고

스타벅스 굿즈

없어서 못 받는 상황이었다. 서울 영등포구 여의도점에서는 한 고객이 한 정판 굿즈를 받기 위해 680잔의 음료를 주문하는 오버런을 하기도 했다.

비대면 시대에 가장 높은 인기를 얻고 있는 곳이 캠핑 분야다. 캠핑 인구는 코로나19 이전인 2019년에도 10년 전에 비해 10배가량 증가한 것으로 나타났다. 코로나19 이후에는 오히려 사람들과 접촉하지 않고 자연에서 자기들만의 문화를 누리는 이들이 늘면서 더욱 인기가 높아졌다. 캠핑 인구가 늘면서 덩달아 관심이 높아진 것이 바로 '캠핑 굿즈'다. 이 트렌드를 스타벅스는 잘 읽어 냈다.

스타벅스는 서머 데이 쿨러, 서머 나이트 싱잉 랜턴을 증정하는 여름 e-프리퀀시e-Frequency 이벤트를 진행한 바 있는데 이때 굿즈 증정 조건은 미션 음료 3잔과 일반 음료 14잔, 총 17잔을 마셔야 했다. 굿즈 수령은 스타벅스 앱을 통해 예약하는 방식인데, 오전 7시에 예약이 시작됐지만 대기 인원 4만 명 이상이 있는 경우도 있어 '제2의 수강 신청'이라는 말이 나올 정도였다.

스타벅스뿐 아니라 폴 바셋도 미션 메뉴 3개를 포함해 제조 음료 12잔을 마시면 캠핑 의자를 증정하는 이벤트를 진행했으며 그에 앞서 투썸플레이스, 엔제리너스, 할리스 등 카페 브랜드에서도 캠핑 굿즈를 출시한 바 있다. 투썸플레이스는 캠핑, 차박 트렌드에 따라 물건 이동에 편이한 미니웨건, 3.8ℓ 용량의 보랭 물통, 아이스박스 등 3종을 출시했다. 엔제리너스는 '꾸미는 나만의 캠핑 소품'이라는 주제로 코베아 그라운드체어와 와펜 세트를 내놓았으며, 할리스는 아웃도어 브랜드 하이브로우와 협업해 캠핑 굿즈 시즌 2를 기획했다.

할리스는 실내 활동이 증가하는 겨울 라이프 스타일에 맞춰 손쉽게 나

만의 공간 분위기를 연출할
수 있고 활용도가 높은 조명
을 새로운 시즌 굿즈로 기획
했다. '글로우 라이트'는 독특
한 커브형 디자인의 커브 램
프와 무선 조명, 램프 면에 부
착할 수 있는 2022 미니 캘린
더와 자석, 셀프 페인팅 키트
등으로 구성됐다. 투썸플레이
스는 문구 전문 브랜드 모나

투썸플레이스의 '2022 데일리 키트'

미와 협업해 '2022 데일리 키트'를 출시하며 문구와 생활용품을 함께 내
놓았다. 만년형 내지와 가죽 느낌의 소재로 구성된 플래너 이외에도 거
치형 캘린더와 모나미 볼펜 등 문구 세트와 스테인리스 스틸 소재 텀블러
(360㎖), 톤28의 대나무 칫솔과 교체 치약 등 제로 웨이스트 트렌드를 반
영한 생활용품도 포함돼 효용성도 높였다.

이디야는 '2022 이디야 다이어리 세트'를 한정 수량 증정하는 연말 'E-드
림 프로모션'을 진행하며 '렛츠 스타트 에코 챌린지Let's Start Eco Challenge!'
콘셉트로 친환경 활동을 제안하고 있다. 소비자들이 친환경 라이프 스타
일을 실천할 수 있는 일상생활의 친환경 활동을 12가지 일러스트로 표현
했다. 에코 콘셉트에 맞춰 구성품 또한 친환경과 상품성 모두 고려해 제
작했다. 다이어리는 친환경 인증받은 종이를 썼고 밀이 40%가 함유된 볼
펜, 그리고 재사용이 가능한 파우치와 에코백으로 기획 및 출시했다.

기업형 카페들의 이런 굿즈 마케팅에 대해 소비자들은 어떤 반응을 보

이고 있을까? 구인·구직 사이트 잡코리아와 알바몬이 2128명을 대상으로 조사한 '2020 굿즈 트렌드' 결과에 따르면, 2128명 중 81.3%가 굿즈 트렌드를 긍정적으로 평가했다. 그 이유는 '소수의 한정판 제품을 갖는다는 느낌이 들어서(58.8%)', '선호하는 브랜드/가수 상품을 더 자주 접할 수 있어서(45.2%)', '굿즈 수집이 재미있고 취미여서(37.1%)', '굿즈 문화가 새로운 경험이어서(16.7%)', 'SNS에서 화제가 되는 등 유행 같아서(5.9%)' 등으로 나타났다. 더불어 1689명 중 74.4%가 브랜드 굿즈 소비 경험이 있다고 답했다. 이 응답자의 67.3%는 굿즈를 구매하기 위해 예정에 없던 소비를 한 것으로 조사됐다. 이 조사 결과로 볼 때 굿즈에 대한 소비자의 관심이 높아졌고, 구매 계획이 없어도 지갑을 연다는 것을 알 수 있다.

소비자들은 잘 가던 매장에서 굿즈 상품이 나온다고 하면 뭔가 공짜로 받는 듯한 느낌을 받게 돼 필요하지 않음에도 충동구매를 하게 된다고 말한다. 코로나19가 퍼지면서부터 인적이 적은 곳으로 캠핑을 자주 다니는 사람들이라면 카페에서 음료 몇 잔만 더 마시면 굿즈를 받을 수 있다는 생각에 아무래도 평소보다 더 자주 이용하게 된다. 이처럼 소비자들의 달라진 취향을 카페들이 적극적으로 마케팅에 활용하고 있다.

도서 이벤트 굿즈 증정화면

굿즈 마케팅의 SNS 성공 포인트

굿즈 마케팅이란 일명 '미끼 상품 마케팅'이라 불리는 판촉 수단의 하나로, 어떤 재화를 구매하면 무엇 하나를 더 주어 구매를 유도하는 전략이다. 그런데 이 굿즈가 SNS를 만나니 자랑거리 인증샷으로 변모했고, 그 흐름은 자연스럽게 기업 홍보의 새로운 세계를 열어 주었다. 결국 소비자를 어떻게 자극하고 그들이 자발적으로 제품을 홍보하게 하느냐가 관건이다. 굿즈를 받기 위해 더 소비하고, 그렇게 받은 굿즈는 공짜로 받은 듯한 느낌, 한정판이라 귀하게 받은 느낌마저 들게 한다. 한번 출시된 제품은 재판매하지 않는다는 점에서 가치와 희소성이 증가한다. 아무래도 희소성이 증가하다 보니 재판매에 대한 가격도 올라간다. 그러기에 사람들은 더욱 열광한다. 그리고 이 굿즈를 소장함으로 브랜드를 계속 떠오르게 만들기도 한다. 이러한 이유에서 굿즈를 출시하는 브랜드들이 많이 늘었다. 이미 인터넷 서점, 의류업계, 식품업계에서도 굿즈 마케팅이 열풍이었다. 굿즈 마케팅이 새로운 소비문화를 만들고 있다. 자신의 아이템으로 굿즈 바람을 일으키길 바란다.

인스타그램 이미지만으로
외국인을 열광시킨 일본의 자국 홍보

비지트 재팬(Visit Japan)

||||||||||||||||||||||||||||||||||||||||||||||||||||||||||||||||||||||||||||||||||||||

2022년 3월 현재, 인스타그램 공식 팔로워 수 54만 명. 독립 행정법인인 일본 관광청이 운영하는 '비지트 재팬Visit Japan'의 인스타그램 계정이 그렇다. 이곳은 내국인들보다 외국인들이 더 많이 찾는다. 비지트 재팬 캠페인은 일본 국토교통성을 중심으로 일본 방문 외국인 여행자를 더 촉진하기 위한 것이다. 관광국가인 일본의 입지를 더욱 탄탄하게 굳히려는 목적으로 일본 각 관광지의 매력을 마음껏 발휘하는 데 초점을 맞추고 진행되었다.

이 계정에서는 일본 전국 관광명소의 매력을 담은 아주 멋진 사진이나 동영상을 엄선하여 소개한다. 사진 하나하나는 컴퓨터 바탕화면에 깔아도 좋을 만큼 아름답다. 이렇게 멋진 사진과 동영상만으로도 외국인들이 일본을 여행하고 싶은 충동이 들게 한다. 이 인스타그램에 올라온 사진을 보고 어느 일본인은 자기도 모르는 일본의 매력에 푹 빠졌다고 얘기한다. 내국인들도 모르는 일본의 매력이 외국인들에게도 강력하게 어필했다. 이로 인해 일본 방문 외국인이 증가한 것은 당연한 일이었다.

비지트 재팬 인스타그램 계정의 주요 특징은 일본을 방문하려는 외국인 예정자들에게 전부 영어 해시태그를 사용하고 있다는 점이다. 또

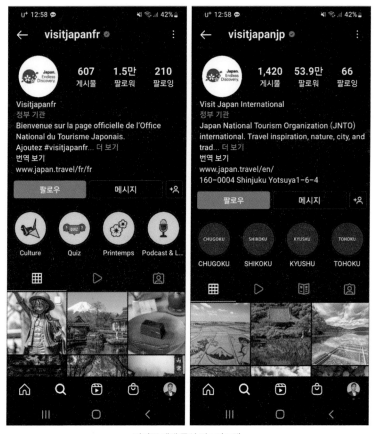

비지트 재팬 공식 인스타그램

한 공식 계정을 나라 별로 만들어 소통하는 노력도 진행 중이다. 단풍으로 아름다운 일본의 가을을 소개할 때는 #autumnjapan^{어텀재팬}이라는 해시태그를 사용한다. 외국인들은 이 해시태그를 통해 조금 더 쉽고 빠르게 일본의 매력에 접근할 수 있다. 비지트 재팬 인스타그램의 또 다른 특징은 '리 포스트'를 통해 다른 사용자가 게시한 사진이나 동영상을 자신의 계정에서 다시 인용하고 게시할 수 있다는 것이다.

해시태그로 누구나 빠르게 접근하도록 하고, 리 포스트로 네티즌들이 서로 일본의 매력을 퍼 나르게 하다 보니 일본 관광에 대한 홍보 효과가 엄청났다.

이처럼 인스타그램으로 성공하려면 6가지를 유념해야 한다. 첫 번째는 당연한 얘기지만 인스타그램으로 어떤 이득을 올릴지 확실한 목표설정이 필요하다. 두 번째는 어디에 노출할지를 결정해야 한다. 세 번째는 일본 관광청이 성공한 것처럼 적절한 해시태그로 타깃과 검색 결과를 장악해야 한다. 네 번째는 피드, 스토리, 하이라이트, 라이브 등 노출되는 지면에 맞는 커뮤니케이션을 해야 한다. 다섯 번째 포인트는 브랜드의 얼굴이라 할 수 있는 피드를 정성스럽게 만들어야 한다. 대다수의 유저는 피드가 주는 감성에 따라 팔로워를 결정한다.

마지막 성공 포인트는 인플루언서를 적극적으로 활용하라는 것이다. 나에게 맞는 인플루언서를 선별하는 방법은 팔로워 수, 팔로워들의 성격, 댓글의 유무, 채널의 콘셉트 등이다. 팔로워가 많다고 무조건 효과가 있는 것은 아니다. 요새는 팔로워를 구매하는 편법도 있기 때문에 단순 숫자만으로 확인하는 것은 좋은 방법이 아니다. 좋아요 수, 댓글 등 반응 부분까지 점검해야 한다. 그리고 50만 뷰티 인플루언서에게 자기 계발 책

광고를 맡기는 것보다 10만 도서 인플루언서에게 자기 계발 책 광고를 맡기는 것이 낫다. 팔로워가 많다고 무조건 효과가 있는 것은 아니라는 점을 기억해야 한다.

비지트 재팬의 SNS 성공 포인트

비지트 재팬은 인스타그램의 성공 포인트 6가지를 충실하게 따르고 있다. 엄선된 사진과 동영상으로 피드의 감수성도 높여 팔로워 수도 높였고, 해시태그의 적절한 사용 및 인플루언서를 적극적으로 활용해서 홍보 효과를 극대화한 것이 성공 포인트라 할 수 있다. 또한 여러 계정에 따른 각 카테고리에 장르, 특색 등이 잘 담겨 있고 소개된 여행지로 당장 가고 싶다는 욕구를 불러일으키는 것이 포인트이다.

타깃을 외국까지 넓히려면 만국 공통언어인 영어를 활용해 보자. 그리고 나의 플레이스를 가장 매력적으로 보일 수 있는 사진들을 계속 업로드하자. 특히 인스타그램은 사진으로 어필하기 때문에 사진 한 장에도 사람들이 퍼 나를 수 있도록 공을 들이자. 지금 내 피드 게시글은 내 공간에 오고 싶게 만들고 있는가를 돌이켜보고, 앞으로 어떤 해시태그를 사용할 것인지를 신중히 고민하여 사용하기 바란다.

온·오프라인을 넘나들며
광고 하나 없이 팬덤을 만들다

스타벅스

세상은 팬덤을 가진 자와 그렇지 못한 자로 나뉜다. 스타벅스는 커피계의 팬덤 일인자다. 1999년 서울 서대문구 대현동 이화여대 앞 1호점을 낸 스타벅스는 현재 우리나라 1위 커피 브랜드로 자리 잡고 있다. 2020년 와이즈앱 조사 결과에 따르면 스타벅스 매출은 2조 원이 훨씬 넘으며, 이는 2위인 투썸플레이스, 3위인 이디야를 합친 것보다 많은 수치다.

와이즈앱 2020년 설문조사 결과

광고하지 않고도 1위를 우뚝 지키고 있는 스타벅스의 성공 요인은 무엇일까? 스타벅스는 브랜드 가치를 구축하기 위해 광고에 큰 비용을 투자하지 않는 대신 그 비용을 매장이나 사람에게 투자하여 사람들이 직접 체험하도록 한다. 스타벅스는 광고비 대신 어디에 투자하고 있을까? 스타벅스 리워드, 디지털 전환(사이렌 오더, 드라이브 스루, 딜리버리 서비스), MD, 그리너**Greener** 스타벅스 코리아 프로젝트 등 다양한 곳에 투자하고 있다.

스타벅스 리워드는 스타벅스 자체 멤버십으로 회원 수가 800만 명에 이르고 있다. 우리나라 국민 100명 중 16명은 스타벅스 회원인 셈이다. 게다가 선불식 충천 카드에 충전한 금액이 작년 기준 1천 801억 원이라고 한다. 토스 1천 158억, 네이버페이 576억 원보다 많다. 스타벅스 코리아 인스타그램 공식계정 팔로우 수는 82만 명이다. 브랜드 충성 고객을 확보하라는 경영 원칙을 제대로 실천하고 있다.

사이렌 오더는 스타벅스가 최초로 개발한 첨단 화상 주문 시스템이다. 자체 데이터 분석과 앱을 통해 설문조사를 이어가며 대기시간을 계속 줄여나가고 있다고 한다. 디지털 전환은 사이렌 오더, 드라이브 스루를 넘어서 딜리버리 서비스까지 확장 중이다. 하지만 스타벅스가 더 대단한 점은 본질인 오프라인 경험에 충실하다는 점이다. 인테리어도 다양하다. 한국에 특화된 매장은 꼭 가봐야 하는 성지로 자리 잡고 있다. 한국에서 대표적인 곳은 경주 대릉원 점에 기와지붕, 서울 파미에파크의 도심의 커피 숲, 제주 서귀포시 중문점 등이 있다.

시즌마다 나오는 MD 제품은 많은 소비자의 니즈를 충족시킨다. 그중에서 굿즈**Goods**야말로 스타벅스 팬덤을 양산하는데 크게 기여했다. 이프리퀀시 이벤트에서만 승부를 건 게 아니다. 항상 출시되는 MD 제품들은 많은 소비자들의 마음을 사로잡았다. 자체 개발한 시즌 음료도 스타벅스 마케팅의 백미다. 2020년 10월부터 연말까지 판매된 핑크 캐모마일 릴렉서의 판매량은 520만 잔에 이른다. 하루에 무려 8만 1천 250잔이 팔린 셈이다. 출시 9일 만에 100만 잔을 돌파했다고 한다.

스타벅스 메뉴 중 핑크 캐모마일 릴렉서

스타벅스는 단순히 고객이 아닌 팬덤을 만들고 있는 브랜드다. 그중 가치소비를 하는 MZ 세대에게도 큰 인기를 얻고 있다. 수많은 프랜차이즈 중에서 MZ 세대가 스타벅스를 유독 선호하는 이유는 수년째 진행 중인 '친환경' 캠페인도 한몫한다. ESG 경영은 앞으로 미래 필수 키워드다. 2018년, 스타벅스는 국내 커피 브랜드 최초로 플라스틱 빨대를 종이 빨대로 바꾸었다. 일회용 비닐봉지 미사용, 플라스틱 커피 스틱 미사용 등 다양한 부문에서 모범을 보인다.

스타벅스커피 코리아는 광고하는 예산을 쓸 바에 이웃들과 더 나누겠다는 신념으로 첫 매장을 낸 1999년도부터 광고를 하나도 하지 않고 있다. 그 신념을 실제 활동으로 애쓰며 소비자들에게 좋은 브랜드 이미지로 남는다.

2017년 포항 지진 피해 현장에서도 스타벅스 파트너들은 묵묵히 봉사 활동을 진행했다. 당시 스타벅스 파트너들은 포항 지진 피해 지역에 구

스타벅스 커피를 마시고 좋아하는 문재인 전 대통령

호 물품을 전달하며 매주 2회씩 이재민 대피 시설에 방문하여 음료와 푸드를 나눠주었다. 2022년 울진 산불 현장에서도 마찬가지였다. 산불 피해 지역에서 수고하는 봉사자와 119 소방대원 분들께 커피 봉사를 진행했다. 울진에서 가장 가까운 동해 DT 점에서 커피 1천 잔을 제조해 울진으로 이동 후 커피와 함께 담요, 푸드, 식수 등을 전달했다.

스타벅스 커피를 나르는 동해 DT점 직원

물론, SNS 마케팅이란 광고를 들여서 노출을 하는 것도 좋지만, 스타벅스처럼 광고비를 아껴 충성 고객을 만드는 데 힘쓰고, 그런 충성 고객들의 입에서 자연스럽게 홍보하게 해주는 것도 방법이다. 진정한 마케팅은 광고를 넘어서 충성 고객 확보와 브랜드를 사랑하게 하는 것이다.

스타벅스의 SNS 성공 포인트

스타벅스는 온·오프라인에서 양면으로 힘쓰면서 본질을 잃지 않으려고 한다. 덕분에 코로나19의 전례 없는 위기 속에서도 격차를 내고 있다. 이제는 뭘 해도 잘 되어 넘사벽으로 자리를 잡고 있는데, 그 속에는 보이지 않는 스타벅스의 노력과 팬덤이 함께 한다. 스타벅스 코리아는 전 세계 스타벅스에서도 벤치마킹 대상으로 여겨진다. 포화 시장이라는 우려가 많은 커피 시장에서 꿋꿋하게 1위를 지킬 수 있는 건 정말 대단하다. 스타벅스가 다른 카페와 무엇이 다른지 한번 생각해 보라. 스타벅스 다이어리에 무료 음료 쿠폰이 들어있다. 일명 1+1이라고 불리는 이 음료 쿠폰도 그냥 주지 않는다. '매일 오후/매일 아침 스타벅스와 함께하는 당신의 취향을 소중한 사람과 함께하세요'라고 적혀 있다. 이런 작은 쿠폰마저 남들과 다른 스토리텔링을 한다. 스타벅스가 지금의 자리에 오기까지 딱 하나의 이유로 이루어지지는 않았다. 여러 브랜딩 경험이 쌓여서 지금의 성과로 이어졌다. 성공 원인은 단 하나로 콕 짚어서 말할 수는 없지만 커피 맛부터 MD, 편리한 디지털 혁명, 그리고 선행까지 온·오프라인에서 뭐 하나 빠짐없이 갓 스타벅스 입지를 다지고 있다.

우리도 오프라인, 온라인을 구분하기보다는 가능한 혼합 형태로 고객들의 접점을 높이면 어떨까? 반드시 외식업 모델이 아니더라도 이제 오프라인에서 제품을 경험하고 (쇼룸) 온라인에서 구매하는 형태가 자리 잡고 있다. 오프라인이 판매처가 아니라 경험을 제공하는 시대의 변화 속에서 우리는 어떠한 준비를 해야 할까?

브랜드 콘셉트가 그대로
인스타그램 콘셉트로 확장된 성공 사례

이니스프리

||||||||||||||||||||||||||||||||||||||||||||||||||||||||||||||||||||||||||||||||||||||||

시장에서 선택할 수 있는 최고의 전략은 '보이지 않는 사람들의 생각 속 지도에서 유리한 키워드를 선점하는 것'이라고 했다. 그런 면에서 이니스 프리의 브랜드 콘셉트는 고객의 생각 속에 분명히 유리한 위치를 선점했 다. '이니스프리' 하면 가장 먼저 무엇이 떠오를까? 아무래도 이니스프리 는 광고 카피의 힘이 강하다.

'내추럴 베네핏 프롬 제주Natural Benefits From JEJU', 제주의 청정한 자연 에서 얻은 산물들을 나누겠다는 이 카피는 제품명으로 그대로 이어진다. 그린티 씨드 세럼, 용암 해수 에센스, 화산 송이 모공 폼 등 이름만 들어 도 제주가 떠오른다. 이니스프리는 전 세계 사람들의 생각 속 청정의 섬, 제주를 완벽하게 선점해 버렸다.

크리에이터는 물론 마케터들이 가장 선호하는 말이 '단순함이 최선이다Simple is Best'이다. 이 말을 가장 잘 실천한 브랜드도 역시 이니스프리다. 심플하니 브랜드도, 브랜드 아이덴티티도, 브랜드 이미지도 선명해진다. 브랜드 콘셉트가 선명하니 SNS 상에서 마케팅 홍보 전략을 짜기도 쉽다. 이니스프리의 인스타그램 운영 전략을 보면 이러한 간결함이 그대로 느껴진다. 전략이 간결하니 모델도 단순하다. 이니스프리의 모델은 제주의 자연 그 자체이다.

이니스프리는 인스타그램 마케팅 성공사례 중 대표적인 사례로 손꼽힌다. SNS를 하기 전부터 자연과 청정함을 콘셉트로 내세우며 꾸준하게 홍보활동을 전개했는데 인스타그램에도 '녹색', '제주도'와 관련된 이미지를 꾸준히 업로드했다. 여기에 더해 기존의 이미지를 유지하기 위해 '쉐어 그린Share Green'이라는 이벤트도 진행했다. 녹색과 관련된 생활 속 풍경 또는 아이템 사진을 공유하는 이벤트였다. 당연히 '해시태그 활용도'도 높았다. #innisgreen이니스그린이라는 해시태그를 단 아주 수준 높은 이벤트

이니스프리 공식 인스타그램 채널

사진들이 많이 올라왔고, SNS를 이용하는 사용자들에게 눈길을 끌었다.

옆 페이지의 사진은 이니스프리의 인스타그램 공식 계정이다. 이니스프리 인스타그램에는 주로 위의 사진과 같은 분위기의 이미지들로 구성되어 있다. 보는 순간 '참 편안하고 자연스러우며 정갈하고 청순하다'는 느낌이 든다. 그 느낌이 바로 이니스프리의 브랜드 콘셉트이다. 그 브랜드 콘셉트를 인스타그램에도 그대로 확장한 것이 이니스프리만의 장점이다. 사진들 하나하나를 보면 젊은 감각이 느껴지고 맑으면서도 깨끗한 느낌이 든다. 이니스프리 브랜드 콘셉트는 '자연주의'이다. 이니스프리 인스타그램은 브랜드 콘셉트인 자연주의를 살려 '누구나 쉬어갈 수 있는 SNS 속 작은 섬, 이니스프리 아일랜드'라는 콘셉트를 잡았다. 브랜드 콘셉트와 인스타그램 콘셉트를 잘 매칭 시켜 소비자에게 브랜드 이미지를 전달한 대표적인 성공사례라 할 수 있다.

앞서 언급한 것처럼 이니스프리는 인스타그램 론칭 이벤트로 #innisgreen이니스그린 태그 이벤트를 진행했다. 생활 속 그린Green 풍경이나 아이템을 촬영하고, #innisgreen이니스그린으로 해시태그를 걸어 인스타그램으로 공유하는 이벤트였다. 청정 자연이 살아 숨 쉬는 제주도를 마케팅 콘셉트로 하는 이니스프리가 이니스프리를 대표하는 그린 색과 생활 속에서 쉽게 찾을 수 있는 소재를 활용한 태그 이벤트는 이니스프리 상징색인 초록색을 많은 사람에게 알릴 수 있었던 마케팅이었다.

이니스프리 SNS 마케팅의 또 다른 성공 포인트는 브랜드 이미지에 '제주 소녀의 일상'이라는 스토리텔링이 접목되었다는 것이다. 이 스토리에는 한 소녀가 등장하고 제주 바다와 일출, 오름, 제주 맛집 등 감성을 불러일으키는 주제가 감성적인 색감과 분위기로 표현된다. 〈리얼 제주〉 영상을 제작해 제품 브랜드 전달뿐 아니라 제주의 숨겨진 아름다운 명소를 소개해 주면서 팔로워들의 좋은 반응을 끌기도 했다. 브랜드 콘셉트로 인스타그램에 잘 담아낸 예라고 할 수 있다.

이니스프리는 소비자들의 리얼 후기도 피드에 리그램 했다. 소비자의 시각에서 바라본 감성적인 피드는 소비자들에게 제주 방문 욕구를 부추긴다. 그리고 계절에 따라 자연스럽게 바뀌는 이미지를 통해 제품의 이미지도 자연스럽게 업그레이드한다. 이니스프리의 SNS에는 세일을 강조하는 그 어떤 카피나 숫자도 찾아보기 힘들다. 가끔, 아주 가끔 수줍은 소녀처럼 살짝 이벤트를 알릴 뿐이다.

자연과 청정한 느낌이 물씬 나는
이니스프리 제품 이미지

이니스프리 인스타그램

　사람들은 이니스프리의 무엇을 살까? 소비자들은 이니스프리의 제품뿐만 아니라 대체 불가한 청정 제주의 이미지도 함께 소비한다. 이니스프리의 이미지 선점 전략은 SNS 마케팅에서도 아주 유용하다. 요즘 소비자들은 제품의 이성적 측면보다 왠지 끌리는 감성에 빠져들기 때문이다. 이처럼 소비자들의 감성을 선점하는 방법에 대한 많은 고민이 필요한 시대이다.

이니스프리의 SNS 성공 포인트

삼다수 공식 인스타그램

이니스프리는 무엇보다도 기존 콘셉트를 유지하며 이벤트를 진행한 것이 특징이다. 해시태그를 이용해서 사용자들과 함께 사진을 공유하면서 본인들의 특색을 보다 강하게 보여주었다. 바로 이 점이 이니스프리가 SNS 마케팅을 활용해서 성공한 포인트이다.

브랜딩 요소는 다양하게 있다. 색, 슬로건, 카피, 톤 앤드 매너 등이다. 우리 회사는 또는 나는 어떤 이미지가 떠오르는가? 우리는 SNS를 통해 전략적으로 제어하여 비즈니스에 활용할 수 있다. 이니스프리는 편안하고 자연스러우면서도 청순한 느낌의 사진들로 구성하여 이니스프리만의 이미지를 계속 쌓아 나가고 있다. 브랜드의 콘셉트를 오프라인과 온라인 모두 같은 연장선으로 활용했다. 이니스프리뿐만 아니라 시장 점유율 42.5%로 업계 1위를 다지며 승승장구하는 삼다수 SNS를 보라. SNS만 봐도 푸른 생명력이 물씬 묻어난다. 이처럼 브랜딩은 콘셉트를 가지고 온·오프라인으로 지속했을 때 빛을 발휘한다. 지금 내 브랜드의 컨셉트는 어떻게 노출되고 있는지 점검해보는 것은 어떨까?

해시태그와 이벤트의 절묘한 활용
인스타그램 대박 마케팅

나이키

인스타그램에 대해서 잘 아는 필자도 나이키가 도대체 얼마나 인스타그램을 잘하기에 그렇게 소문이 자자할까 궁금했다. 이것저것 자료를 찾아보고 확인해 보니 역시 잘 나가는 브랜드만의 남다른 노하우가 엿보였다.

나이키 공식 인스타그램

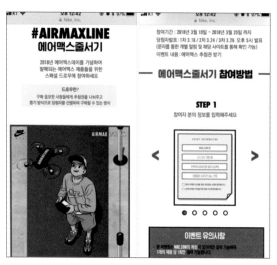

에어맥스 인스타그램 줄 서기 캠페인 (1)

우선 아주 기본적인 해시태그(#)를 잘 활용하고 있었다. 해시태그를 통해 나이키의 신제품과 서비스 등의 다양한 콘텐츠를 공유하고 알리고 있었다. 이 해시태그는 사실 크게 중요하게 생각하지 않은 사람이 많은데, 의외로 사람들과의 소통을 위한 중요한 무기가 된다. 사람들 관심의 촉이 어디 있는지 그 마음을 투영해서 다가갈 수 있는 게 해시태그다. 기업이 일방적으로 자기 정보를 소비자들에게 주입하는 게 아니라, 자사의 제품과 서비스를 소비자들이 직·간접적으로 경험하게 하고 이를 콘텐츠로 만들게 유도한다. 그렇게 만들어진 콘텐츠는 개인 SNS를 통해서 급속도로 퍼져나갔다. 이런 콘텐츠를 당시에는 UGC유저 제너레이티드 콘텐츠, **User Generated Contents**라고 불렀다.

나이키는 2018년, 2019년 '에어맥스 인스타그램 줄 서기'라는 디지털 캠페인을 진행했다. 사실 이 캠페인의 원조는 한정판 에어맥스를 사기 위해 오프라인에서 줄 서는 것이었다. 나이키는 이걸 온라인에서도 보여주고자 했다. 우선 캠페인 참가자들에게 유명 디자이너가 그린 아주 개성 넘치는 캐릭터와 아이템을 적절히 활용하여 자기 자신만의 아바타를 만들었다. 그리고 자신의 개성이 드러난 '줄 서기 블록'을 만들어, 이를 개인 인스타그램 피드 타임라인에 해시태그 #AIRMAXLINE에어맥스라인과 함께 포스팅했다. 이렇게 하면 에어맥스 한정판 구매 응모가 완료된다.

이 캠페인은 어떻게 되었을까? 말 그대로 온라인은 가히 폭발적인 반응이 일어났다. 20여 일 만에 11만 명이 넘은 사람들이 참여했으니 말이다. 만약 온라인이 아니고 오프라인에서 11만 명이 줄을 섰다고 하면 아마도 장관을 이루었을 것이다. 캠페인이 그저 캠페인으로 끝났을까? 이 캠페인은 해시태그를 타고 수만 명의 인스타그램과 SNS 상에 에어맥스 포스팅이 연결된다. 인스타그램 각 아이디 당 팔로워 숫자를 100명 정도라고 한다면 약 1100만 명에게 이 캠페인이 노출된 것이다. 이게 바로 SNS 마케팅의 힘이 아닐까 싶다.

인스타그램이 단순히 이미지만 올리는 SNS라고 생각하면 오산이다. 인스타그램도 진화를 거듭해서 지금 가장 주목받는 기능으로 인스타그램 스토리가 부각되고 있

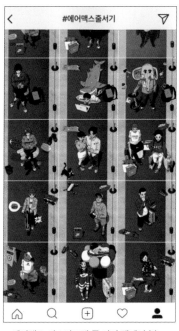

에어맥스 인스타그램 줄 서기 캠페인 (2)

다. 2018년 11월에 추가된 이 기능은 지금은 플랫폼 내 가장 핵심 중의 하나이다. 디지털 매체 〈미디어킥스〉의 발표에 따르면, 2018년 기준으로 매일 4억 명의 사람들이 인스타그램 스토리를 사용한다고 한다. 인스타그램의 사용자 10억 명의 게시물 중 약 40%에 가까운 게시물이 스토리 기능을 통해 만들어지는 것이다.

인스타그램 스토리는 단순히 영상만 올릴 수 있는 게 아니다. 부메랑Boomerang, 같은 움직임이 반복되도록 편집해 주는 기능이나 슈퍼 줌Superzoom, 영상을 여러 단계로 분할해 확대하는 기능과 같이 자신만의 스타일로 영상을 꾸밀 수 있도록 돕는 편집 기능이 스토리의 재미를 더한다. 이 밖에도 인스타그램은 하이퍼랩, 레이아웃과 같은 다양한 크리에이티브 도구를 제공한다.

다른 사람들이 내 스토리에 즉각적으로 참여할 수 있는 기능도 있다. 투표 기능을 사용하면 '어떤 옷이 잘 어울릴까요?'와 같은 투표를 콘텐츠에 추가해서 보는 사람의 참여를 유도하게 된다. 예를 들어 나영석 PD가 만든 패션을 주제로 한 예능 프로그램 〈마포 멋쟁이〉에서는 송민호와 피오의 패션 대결을 다룬다. 이때 두 출연자는 인스타그램 스토리를 이용해 10분 동안 '송민호 vs. 피오' 중 진정한 마포 멋쟁이를 뽑는 투표를 진행한다. 이런 묘미를 기업이 가만 둘 리가 없다. 그래서 나선 것이 나이키 캠페인이다.

다른 기업들도 인스타그램의 이 스토리 기능을 활발히 활용하면서 차별화한 마케팅을 진행한다. 2020년 10월, 신세계그룹은 자신들의 SSG쓱 플랫폼을 홍보하기 위해 '쓱 데이 GIF' 스티커를 자체 제작했다. 인스타그램 이용자들이 스티커를 사용해 '쓱 데이'라 불리는 이마트의 할인 행사를 기다리는 자기 모습을 표현할 수 있도록 한 것이다. 이 콘텐츠를 인스타그램 스토리에 공유하면, 매일 1명을 골라 100만 원을 주는 마케팅을 진행했다. 이런 기업들의 적극적인 움직임을 포착하고 인스타그램도 한 발 더 나가 비즈니스를 위한 도구를 만들었다. '쇼핑 게시글' 기능이 대표적인 비즈니스 도구다. 대부분의 비즈니스 계정은 자신들의 게시물을 더 많이 알리고 싶어 한다. 이전에는 쇼핑 게시글을 올려도 기존 팔로워에게만 노출이 되는 구조였다. 그래서 인스타그램은 비즈니스 계정의 팔로워 이상의 잠재 고객에게 보여줄 수 있는 '쇼핑 광고' 기능을 내놓았다.

인스타그램은 플랫폼 내 사용자 행동 패턴을 분석해 나의 제품을 구매할 확률이 높은 잠재 고객을 찾고 쇼핑 게시글을 보여주도록 했다. 정교한 타깃팅을 가능하게 한 건 사용자들의 행동을 학습한 인스타그램의 머신러닝이 기업이 원하는 목표(인지도 상승, 매출 극대화 등)에 따른 최적의 사용자를 찾아낸 덕분이라고 할 수 있다.

나이키는 인스타그램에만 초점을 맞춘 게 아니라 그 뒤에 숨은 팔로워들까지 생각했다. 그 팔로워들의 홍보 파급력이 어마어마하다고 본 것이다. 그리고 인스타그램의 진화된 비즈니스 기능에도 주목했다. 그 기능이 사람들을 그러모을 것이라고 확신한 것이다. SNS는 언제 어느 순간 어떤 기능으로 진화할지 모른다. 그러므로 항상 나이키처럼 예의 주시하면서 적절한 타이밍에 그들의 시선을 사로잡을 흥미진진한 이벤트를 진행하는 게 좋다. 나이키 사례를 통해 인스타그램을 효과적으로 활용하는 마케팅 팁 4가지를 소개하겠다.

1. '탐색' 탭에 광고를 게재하기

탐색 탭은 개인의 관심사와 관계를 중심으로 큐레이션 된 콘텐츠를 보여주는 페이지다. 이제는 기존의 피드, 스토리뿐만 아니라 탐색 탭에서도 제품과 서비스를 보일 수 있다.

2. 동영상으로 더 파고들기

스토리에서는 모바일에 최적화한 짧은 동영상을 활용해 참여를 끌어낼 수 있다. 설문과 같은 양방향 소통 기능도 가능하다. 깊이 있게 소통하려면 IGTV에서 재생 시간이 긴 동영상을, 즉석에서 소통하고 싶다면 인스타그램 라이브Instagram Live를 사용하면 좋다.

3. 쇼핑 기능을 사용하기

쇼핑 기능을 사용하면 비즈니스 계정이 사진과 동영상, 스토리에 제품을 태그할 수 있다. 윈도쇼핑을 하던 이용자들에게 자연스럽게 쇼핑하는 경험을 줄 수 있다. 사전에 페이스북 페이지에 제품 등록을 먼저 해야 한다.

4. 모바일 친화 콘텐츠 만들기

하나의 콘텐츠를 만들고 PC와 모바일을 같이 사용하는 것이 아니라 모바일에 적합한 콘텐츠를 만드는 것은 중요하다. 나이키 뿐만 아니라 메르세데스- 벤츠의 경우는 브랜드 인지도뿐 아니라 구매 의향도 높이기 위해 모바일에 적합한 콘텐츠를 만들었다. 이 덕분에 이전 광고 대비 소비자들의 구매 의향을 6.2% 포인트, 광고 선호도를 4.9% 포인트 높일 수 있었다.

보수적인 은행권도 피할 수 없는 SNS 마케팅

KB국민은행, 상상인 저축은행, 신한은행, 토스 뱅크

과거 은행들은 최신 트렌드에 둔감했다. 어차피 찾아올 사람은 찾아올 것이고, 필요한 사람은 대출을 신청할 것이다. 그렇게 앉아서 기다려도 은행은 돈을 벌었던 시기가 있었다. 그러나 이제는 은행도 경쟁에서 밀리면 퇴출당하고, 점점 ATM 기계와 경쟁도 해야 하면서 일자리에 대한 위협도 커지고 있다. 경쟁에서 밀린다는 건 퇴출을 의미한다. 일자리에서 밀린다는 건 생존의 위협이다. 그러한 위협 앞에서 옛날 방식을 고집할 은행이 어디 있겠는가? 살기 위해서는 바뀌어야 한다. 그래서 보수적인 은행도 처음에는 중요하게 여기지 않던 MZ 세대를 바라보기 시작했고, 그들의 주 무대인 SNS를 마케팅의 방법으로 활용한다.

은행권이 한 번에 MZ 세대의 환심을 사려면 이미 MZ 세대의 팬층을

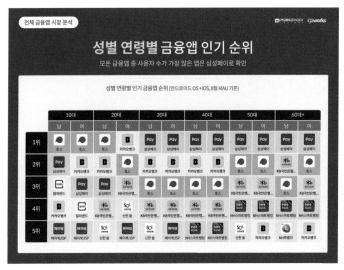

모바일인덱스 '금융 앱 시장 분석' 리포트

확보한 다른 기업들과 협업 및 컬래버레이션을 하는 게 빠르다. 사실 분위기는 충분히 무르익었다. 영끌영혼까지 끌어모음과 빚투빚내서 투자 등으로 소비나 투자에 관심이 많은 MZ 세대들은 언제든지 신선한 먹잇감이 있으면 은행으로 달려들 태세를 갖추고 있었다. 그런 분위기를 은행도 재빠르게 알아챘다. 비트코인 등 암호화폐에 이들을 빼앗겼다가는 정말 생존을 걱정해야 할 판이었다.

은행권 SNS 마케팅의 신호탄은 KB국민은행이 올렸다. 그 누구도 국민은행이 메타버스 세계에 발을 들여놓을 것이라고 생각을 못 했다. 그런데 KB국민은행은 메타버스 걸그룹 에스파Aespa와 전격적으로 광고모델 계약을 체결하고 'KB와 에스파의 만남'이라는 영상을 유튜브, 페이스북, 인스타그램 등 SNS 채널에 공개하기 시작했다.

해당 광고 영상은 유튜브 조회 수 745만 회를 기록하며 MZ 세대의 높

KB국민은행 모델 에스파와 허인 국민은행장
(출처: http://www.pinpointnews.co.kr/news/articleView.html?idxno=86333)

은 관심을 받았다. 국민은행은 왜 에스파를 광고모델로 선택했을까? KB 국민은행 관계자는 그 이유를 "MZ 세대가 이끄는 미래 금융 세상은 '디지털을 통한 혁신'과 '시공간을 초월한 끊임없는 금융서비스'가 이끌어 나갈 것이다"라며, "KB의 디지털 혁신 의지를 가장 잘 표현할 수 있는 모델이었다"고 말했다.

신한은행도 명품 쇼핑 온라인 플랫폼 업체 발란과 손을 잡고 발란의 온라인 판매자를 위한 금융상품을 제공하고 각사 플랫폼을 활용해 공동 마케팅을 추진하고 있다. 하나은행은 MZ 세대에게만 국한되지 않고 부모 세대인 X 세대와 자녀 세대인 Z 세대가 함께 금융 습관을 형성할 수 있는 체험형 금융 플랫폼 '아이부자'를 출시하기도 했다. 하나은행 모바일앱 하나원큐에서는 모의투자를 할 수 있는 게임 '투자의 마블'을 오픈했다. 하나은행과 넷마블이 공동 개발한 투자의 마블은 MZ 세대에게 선풍적인 인기를 끌었던 넷마블 게임 모두의 마블 형태에 금융상품을 접목한 형태다.

은행들이 꼭 금융상품과 연계된 콘텐츠를 만드는 건 아니다. 조금 딱딱한 금융권의 이미지를 개선하기 위해 상상인 저축은행과 상상인플러스저축은행은 듀얼 디지털 금융 플랫폼 '뱅뱅뱅'과 '크크크'를 출시하면서 저축은행의 타이틀을 과감히 벗어던졌다. 그리고 한발 더 나아가 MZ 세대의 주 활동 공간인 유튜브에서 웹 예능 상상피셜과 웹 드라마 〈상상인 미래전략실〉이라는 스낵 콘텐츠(5~15분가량의 짧은 콘텐츠)를 제작했다.

웹 예능인 상상피셜의 경우는 주린이 방송인 강남과 이종원 상상인증권 연구원이 기업 탐방으로 정보를 제공하는 콘텐츠다. 그리고 웹드라마 〈상상인 미래전략실〉은 유니버스(세계관)를 활용한 스토리 콘텐츠로 신입사원의 좌충우돌 회사 생활을 웹드라마로 구현하고 있다.

신한은행에는 20대 전용 금융 브랜드 헤이영Hey Young을 내세워 18~29세 젊은이들을 위한 서비스를 제공한다. 헤이영은 다른 사람을 부르는 헤이

헤이영 앱 실행 화면

Hey와 젊음을 의미하는 영Young을 합한 브랜드다. '시작점', '기준점'을 뜻하는 숫자 0이라는 중의적 의미를 함축해 20대 고객의 성공적 금융 생활과 그 시작을 응원한다는 뜻도 담겨 있다. GS25, CGV, 스타벅스 등 20대가 자주 이용하는 곳에서는 캐시백이 주어진다.

'신한 마이홈 적금'을 신규 가입하면 최대 연 5.5% 특별금리도 받을 수 있다. 신한은행은 금융권 최초로 대학생 전용 모바일 플랫폼 '헤이영 스마트 캠퍼스'를 구축하기도 했다. 학사·금융 서비스를 통합 제공하며 20대 일상에 더 들어가고자 하는 전략을 엿볼 수 있다.

인터넷 전문 은행인 토스 뱅크는 기존 은행보다 더 파격적인 행보를 보인다. 토스 뱅크의 마케팅 기법은 신생 은행답게 독특하다. 정보기술IT을 기반으로 한 인터넷 전문 은행인 토스 뱅크는 계좌 예약을 하면 즉시 자신이 몇 번째로 개설이 가능한지 알 수 있도록 했다. 이에 더해 가입 예약자가 이 상품을 SNS를 통해 홍보하면, 개설 순번을 앞당겨준다.

실제 51만 번째 계좌 개설 예정자인 A 씨는 친구들에게 계좌 개설을 홍보하면 순번이 5만 번째로 바뀐다는 문자를 받았다. 그런데 A 씨는 아무런 홍보를 하지 않았고 그의 가입 순번은 2주 만에 54만 번째로 밀려났다. 토스 뱅크의 이런 마케팅 기법이 불법인 것은 아니지만, 안정성을 중요시하는 금융업계에서는 전례 없는 파격으로 받아들여지고 있다.

은행의 SNS 성공 포인트

은행의 SNS 마케팅도 역시 2030세대인 MZ 세대에게 집중된다. 그런데 MZ 세대를 향했지만 그 영향력은 전방위로 퍼져나가는 듯하다. 결국 시장의 리딩 타깃을 잘 선정했다는 얘기다. 이제 은행도 보수적인 방법으로는 경쟁에서 앞서나갈 수 없다. 오프라인 점포에 앉아 손님을 기다릴 것이 아니라 온라인의 세계로 가서 종횡무진 이미지 쇄신을 위한 작업에 나서야 한다. 모든 금융거래가 디지털로 이루어지는 세상이다. 디지털 환경에서 한발 앞서가는 은행이 결국은 살아남는 것이다. 시대가 바뀌는 시점에 기존의 것을 고집하면 안 된다. 기존의 성공 신화를 가지고 심취해 있으면 안 된다. 기존의 성공 신화를 가지고 지금까지 온 것이고, 지금부터는 새로운 시대의 변화에 발 빠르게 움직여야 한다.

지금부터 새롭게 시작하기에 자체적인 한계가 있다면 모델 섭외나 컬래버레이션을 통해서 해결할 수 있다. 다만, 모델 섭외나 컬래버레이션 등을 어떻게 선정하느냐가 관건이 될 것이다.

명품들까지 손 뻗은 컬래버레이션

구찌, 발렌시아가

코로나19는 식품과 카페들의 컬래보레이션을 명품 산업까지 확장하게 했다. 경쟁사라고 생각했던 업체끼리도 시대의 흐름에 따라 손을 잡기도 한다. 치열하게 경쟁하는 명품 브랜드 구찌와 발렌시아가가 손을 잡을 것이라고 누가 생각했겠는가. 그 협업 컬렉션인 '아리아Aria'가 공개되었는데, 그 상품에 찍힌 로고를 보고 많은 이들이 크게 놀랐다. 구찌의 모노그램과 함께 발렌시아가 로고가 들어간 의상이 선보였고, 발렌시아가 로고가 있는 구찌의 백이 주목받았다. 이처럼 드라마틱한 적과의 동침은 한동안 SNS를 뜨겁게 달구었다.

사실 구찌와 발렌시아가는 취향도 성향도 다른 브랜드다. 그들이 서로의 다름을 인정하고 패션의 새 역사를 쓴 것이다. 사람들은 그들의 과감한 협업을 보고 SNS 상에 구찌시아가Gucciaga, 발루찌Balucci라는 애칭을 지어주며 열광했다. 아리아 컬렉션의 공개 영상은 유튜브 조회 수 720만 회를 넘어서며 구찌 공식 유튜브 전체 영상 중 두 번째로 높은 수치를 기록 중이다. 이전에는 브랜드 모델이나 마케터들 사이에서 경쟁업체 브랜드를 언급하는 것조차

명품 브랜드 컬래버레이션 포스터 이미지

금기시 되어왔다는 것을 감안하면 최고의 파격을 노린 승부수라고 할 수 있다.

구찌와 발렌시아가는 컬래버레이션의 상식도 깼다. 보통은 LG전자와 프라다처럼 서로 다른 업종의 협업이 일반적인데, 같은 업종이 손을 잡으며 그 불문율을 깨 버린 것이다. 명품 전문 라이브 커머스 CD 남윤희 씨는 "두 브랜드의 만남은 '과연 컬래버레이션의 끝은 어디인가'를 보여주는 것 같다"며 컬래버레이션에 익숙한 MZ 세대의 취향을 제대로 저격한 기획이라고 평가했다.

너무나 많은 자극이 가해져서 이제 소비자는 웬만한 컬래버레이션에는 끄떡도 하지 않는다. 특히 MZ 세대는 컬래버레이션과 함께 커 온 세대다. MZ 세대는 여러 마블 세계관 속 캐릭터가 하나로 모인 영화 〈어벤져스〉를 보며 자란 이들로 각기 다른 세계관이 충돌하면서 발생하는 파편성이나 의외성을 흥미로워하는 세대이다. 자칫 MZ 세대들에게 잊힌 브

랜드가 되면 이 시장에서 퇴출당할지도 모른다는 위기감이 이런 파격을 만들어 냈는지도 모른다. 어쨌든 대중들의 입, SNS 상에 뜨겁게 오르내릴 관심 끌기 마케팅은 명품도 예외는 아닌 것 같다.

'오픈런'이라는 말을 들어보았는가. 이 신조어를 만들어낸 것도 명품 매장 샤넬이다. '매장 문이 열리자마자 뛴다'는 의미의 오픈런은 2020년 3월 샤넬, 루이비통 등이 가격 인상을 발표한 이후 본격화된 명품 구매를 위한 새벽 백화점 줄서기는 지금도 한창 이어지고 있다. 코로나19 상황에서도 가격을 속속 올리고 있는 명품 브랜드를 향한 소비 욕구는 가격이 상승할수록 수요가 늘어난다는 '베블렌 효과'를 증명하듯 점점 커진다. 급기야 줄서기를 벗어나는 특혜 서비스까지 등장했는데, 신세계백화점은 1억

명품 구매를 위해 오픈 런 하는 모습

원 이상 구매한 VIP 고객들에게 명품 매장에 줄서기 없이 입장할 수 있는 '혜택'을 제공한다고 밝힐 정도였다. 늘어난 명품 소비에 백화점들의 VIP 모시기 경쟁도 그만큼 치열해진 것이다.

명품 특유의 '권위'를 내려놓고 '트렌드'를 정확히 파악해 재빠르게 움직이는 등 스타트업다운 행보도 눈길을 끈다. 샤넬은 제주도 서귀포 신라 호텔에 팝업 매장(임시매장)을 열었다. 석 달간 운영했던 이 매장에서 샤넬은 2021 봄여름 신상품과 스테디셀러 상품을 판매했다. 온라인으로 받은 사전 방문 예약은 매장 운영 마지막 날까지 모두 마감됐다. 샤넬은 현재 현장에서 방문 신청을 받고 있는데 이마저도 '오픈런' 현상을 빚었다. 매장에 들를 수 있는 행운을 잡더라도 인기 상품은 입고 즉시 팔려나간다. SNS에는 '샤넬 백 사러 제주 간다'는 내용의 매장 방문기와 인증샷 등이 유행처럼 번지고 있다. 샤넬이 서울이 아닌 지방에 팝업 매장을 낸 것은 이번이 처음이다. 도심지의 번화가에 팝업 매장을 내던 관행에서 벗어나 휴양지에 매장을 내는 이례적인 행보를 보인 것이다. 권위를 벗어 던지자 결과는 대성공으로 돌아왔다.

명품 브랜드들은 모델의 규칙도 깼다. 기존에 주로 배우나 톱모델을 홍보 모델로 기용했던 데서도 벗어나 최근 2~3년 사이 부쩍 K팝 아이돌들에게 러브콜을 보내고 있다. 전통과 권위를 중시하던 명품 브랜드들이 이제는 적극적으로 젊은 층을 향한 구애를 보냄과 동시에 명품의 주요 시장으로 급성장하고 있는 아시아 시장을 의식한 행보이기도 하다. 이들은 아이돌들을 '앰배서더'라는 명칭의 홍보 모델로 기용해 브랜드에 젊은 감각을 입히는 효과를 톡톡히 보고 있다.

여기에 SNS 팔로워 수가 수천만 명에 달하는 아이돌들의 온라인 영향력도 젊은 세대들에게 어필하고자 하는 명품 브랜드들에는 반가운 요소라 할 수 있다.

명품의 마케팅 행보에서 더 파격적인 것은 온라인 판매에서 소극적이었던 그들이 라이브 커머스 시장에도 뛰어든 점이다. 신세계인터내셔날은 2020년 말, 온라인몰 에스아이빌리지에 럭셔리 라이브 커머스 플랫폼 '에스아이라이브S.I..Live'를 론칭했다. 회원에게만 공개되는 럭셔리 전문 방송으로 패션, 뷰티, 라이프 스타일 등을 주제로 진행된다. 조르지오 아르마니, 메종 마르지엘라, 브루넬로 쿠치넬리 등 명품 패션 브랜드를 비롯해 80여 개의 럭셔리 브랜드가 판매 중이다.

명품 컬래버레이션 SNS 성공 포인트

결국은 파격이다. 초점은 관심이다. 그리고 그 관심이 SNS를 타고 퍼져나간다. 소비자들은 이제 웬만한 자극으로는 움직이지 않는다. 그래서 명품도 파격이 필요하다. 명품이라고 우아하게 앉아서 기다리는 옛날 방식의 클래식 마케팅만 고집해서는 안 된다. 결국 시장의 흐름을 읽지 않으면 그 어떤 명품도 살아남을 수 없다. 그 첨병에 SNS가 플랫폼이 될 뿐이다.

고정관념에서 벗어나 메이플스토리 두 번째 앰배서더가 된 블랙핑크 지수처럼 신선함을 추구해 보라. 스타벅스는 자동차 브랜드인 미니쿠퍼와 컬래버레이션을 해 MD 카드, 키 링, 텀블러를 제작하기도 했다. 나이키는 루이비통과 협업하여 에어포스1을 제작하기도 했다. 동종업계까지는 아니더라도 서로의 이득을 위해 일정 분야에 장점을 가진 업체와 협업하는 것도 서로에게 이득이다. 이제는 제약 업계에서도 타 업종 업체와 손잡고 협업 마케팅을 펼치고 있다. 집중과 희소성을 모두 잡을 수 있는 마케팅이 필요하다. 융합의 시대, 어떤 조합이 탄생할지는 당신의 손에 달렸다.

유튜브 메이플스토리_케이알(MapleStory_KR)
메이플 용사의 로그오프 라이프 | 블랙핑크 지수 편 - Ep.01

SNS MARKETING

PART 3

고정관념에서 벗어나
새로움으로 도약

전통문화를 SNS에 입혀
온라인상에서 이어가는 흥

한국민속촌

||||||||||||||||||||||||||||||||||||||||||||||||||||||||||||||||||||||||||||||||||

한국민속촌은 사실 젊은이들의 관심을 끌 만한 콘텐츠 요소를 가지고 있지 못했다. 그저 해외 관광객들과 학생들의 단체 관람이 주 수입원이었다. 전국 곳곳에 다양한 콘텐츠의 테마파크들이 생겨나면서 한국민속촌은 더 위기에 처하게 되었다. 지자체마다 영화 세트장 및 체험형 관광 마케팅을 적극적으로 전개하는 것에 반해 한국민속촌은 여전히 과거의 방식에 빠져 있었다.

그런데 이렇게 움직임이 더딘 한국민속촌이 위기 타개를 위해 SNS 마케팅과 손을 잡는다. SNS와는 어울릴 것 같지 않은 전통 관광명소가 젊은이들의 유튜브와 인스타그램, 블로그에 독특한 매력으로 변신하기 시작했다. 사실 한국민속촌은 이미 자신의 콘텐츠만으로도 독보적으로 앞서

한국민속촌의 속촌아씨 페이스북 채널

갈 수 있는 잠재력을 가지고 있었다. 단지 세상의 흐름에서 조금 뒤처졌을 뿐이었다.

한국민속촌에서 벌어지는 다양한 해프닝이 동영상에 담겨 SNS로 퍼져 나갔다. 10대와 20대들은 조금이라도 독특하다 싶으면 스스로 홍보대사가 되어 적극적으로 알리는데, 한국민손촌도 그 덕을 보게 되었다. 이미 한국민속촌을 경험한 사람도, 처음 한국민속촌을 알게 된 사람도 스마트

한국민속촌의 속촌아씨 인스타그램 채널

한국민속촌의 블로그 프롤로그

폰으로 실감 나게 찍은 동영상에 자연스럽게 빠져들었다. 세대를 넘어서는 다양한 고객들의 경험과 시선이 온라인으로 다수의 대중과 공유되기 시작하였다. 그동안 서비스를 수동적으로 받던 관람객들은 이제 한국민속촌의 서비스에 적극적으로 참여하고 콘텐츠를 확대 재생산하는 능동적 창조자가 되었다. 한국민속촌에서 역할극을 담당하는 진행요원도 관람객들과 적극적으로 소통하며 다양한 재미를 만들어냈다. 바로 이 과정에서 관람객과 진행자 사이의 경계가 자연스럽게 허물어졌다. 오히려 관람객들이 진행요원들을 당황스럽게 하고 웃게 했다.

한국민속촌은 경험과 체험을 판매하는 곳이라 돌출 상황이 자주 연출된다. 그 상황이 독특한 재미 요소였다. 고객이 기획하고 고객이 참여하는 한국민속촌 SNS 마케팅의 새로운 성공사례였다. 티켓도 판매 개시 5분 만에 매진되기도 했다. 한국민속촌의 이런 SNS 마케팅은 기업 이미지까지 완벽하게 뒤바꾸어 놓았다.

한국민속촌은 더는 사극 영화나 드라마 촬영장소의 역할만 하는 곳이 아니었다. 2030 계층의 인기 있는 데이트코스가 되었고 가족 단위로 즐길 수 있는 핫플레이스가 되었다. 필자는 이것이 온전히 SNS 마케팅의 힘이라고 생각한다. 한국민속촌은 참여형 콘텐츠로 고객들과 적극적으로 소통했다. 진행요원들은 각자의 별명으로 개인계정을 만들어 고객들에게 흥미를 유발하고 자발적인 바이럴 루프(단기간에 소비자를 마케터로 만들어서 내가 일하지 않아도 입소문으로 다른 잠재고객을 끌어들이는 전략)가 생기도록 유도하였다. 그동안 중·장년의 주 무대였던 한국민속촌은 관람객의 80%가 2040 계층으로 채워지면서 젊은이들의 전통 놀이터로 거듭났다. 고객은 자신들의 목소리를 존중하는 기업에 무한 신뢰를 보낸다. 한국민속촌은 고객의 목소리를 충실하게 담아냈고 단순 고객에서 팬으로 거듭 태어나게 했다.

2022년 현재, 한국민속촌이 운영하는 SNS는 블로그, 네이버 TV, 유튜브, 페이스북 페이지, 인스타그램, 카카오스토리 등 모든 매체에서 활발

한국민속촌의 네이버 TV

하게 활동하고 있다. 어떤 고객과도 다양한 매체로 접촉을 확대하는 중이다. 블로그는 '촌스러운 이야기'로 콘텐츠 중심의 소통을 하고 있고 '웰컴투 조선'이라는 제목의 네이버 TV는 동영상 시대답게 흥미를 끌 만한 다양한 동영상을 업데이트 중이다. 유튜브 채널은 코로나19 시대에도 '가을축제 랜선 프로젝트'를 기획하면서 고객의 볼거리, 즐길 거리를 제공한다.

한국민속촌이 SNS에서 대성공을 거둔 원동력 중에는 조선 캐릭터의 놀라운 연기력도 한몫한다. 사또, 원조 꽃 거지, 장사꾼 캐릭터로 독보적인 연기력을 보여준 김탁, 김정원, 신동혁 등은 한국민속촌의 관람객 수를 대폭 늘리고 팬덤을 형성하게 만든 주역들이다. SNS도 단순한 재미만으로는 안 되고 고객을 끌어들일 독특한 캐릭터가 뒷받침되어야 함을 증명한 사례다. 이들 캐릭터는 〈개그콘서트〉 그 이상의 웃음 코드로 관객들의 뜨거운 반응을 끌어냈다. 가장 반응이 좋았던 콘텐츠는 사극 드라마 축제의 〈사약체험〉 영상이다. 한국민속촌 마당에 실제 사극에서 볼 수 있는 멍석과 나무 상, 사약이 담긴 사기그릇이 마련되고 사약 연기에 참여할 관람객은 즉석에서 섭외했다. 섭외된 관람객은 당황해하면서도 드라마 주인공처럼 사약을 마시고 죽는 연기를 멋지게 해냈고 그 영상이 팬들에게 독특한 재미를 선사한다.

한국민속촌의 SNS 성공 포인트

국내에서 스마트폰이 처음 나온 게 2009년이다. 그 이후 많은 세상의 변화가 일어났다. 10년이면 강산도 변한다고 한다. 그러니 과거의 방식을 탈피해야 한다. 후발 주자라고 포기하면 안 된다. 시작해야 한다. 만약 지금 100명이 시작했다고 가정하고, 지금 바로 출발하면 101등이라도 한다. 즉, 최대한 빨리 생각을 전환하고 시작해야 한다는 말이다.

한국민속촌이라고 해서 전통의 이미지에 빠져 있으면 안 되었다. 그래서 한국민속촌의 SNS 마케팅은 트위터로부터 시작되었고 팔로워들의 힘으로 성장했다. 지금은 거의 모든 SNS 채널을 운영하고 있다. SNS 마케팅을 시작할 때 너무 욕심부리지 않아도 된다. 시작점에서는 주력 채널을 정하고 확장하는 것도 중요하다. 소비자가 어디서 나를 발견할지 모른다. 그러므로 모든 채널에서의 접점을 만들어 내가 만날 수 있는 가장 많은 고객을 만나야 한다. 각 SNS 매체마다 소비자가 선호하는 결이 다르다. 그 결에 따라 우리 기업, 회사, 또는 나를 대표할 수 있는 목소리를 내어보자. 그러면 어느 순간에 온라인에 확장성에 의해서 1+1은 2가 아님을 경험할 수 있을 것이다.

한국민속촌의 유튜브, 페이스북 채널

관점의 전환으로 애물단지에서
매출 효자로 탈바꿈해 성지가 되다

하이네켄 양쪼짱

||||||||||||||||||||||||||||||||||||||||||||||||||||||||||||||||||||||||||||||||||||||||||||||||||||||||||||

네덜란드가 원산지인 하이네켄은 140년이 넘는 세계적 맥주 브랜드이다. 네덜란드 암스테르담에 가면 시설이 조금 노후해서 지나가는 사람들의 눈살을 찌푸리게 하는 하이네켄 양조장이 있다. 하이네켄은 이 양조장이 늘 고민거리였다. 그런데 이 애물단지가 하이네켄을 홍보하는 최고의 효자로 변신하였다. 140년 역사의 하이네켄을 알리는 박물관 프로젝트에 이 양조장을 활용한 것이다.

하이네켄은 이 양조장 박물관으로 사람들을 끌어들였고 이제는 네덜란드에 가면 꼭 들러야 할 명소가 되었다. 이 박물관에 들어가려면 성인 한 사람당 18유로의 입장료를 내야 한다. 인터넷에서도 예약이 힘들 정도로 인기가 좋아서 어떻게든 가보고 싶은 욕구를 불러일으킨다. 표 구

하이네켄 양조장 전경　　　　　　　　하이네켄 박물관 체험 장면

하기가 힘들면 더 구하려고 애쓰는 것이 사람 심리 아닌가. 18유로면 우리나라 돈으로 2만 4천 원 정도로 결코 싼 입장료가 아니다. 그런데 입장만 하면 경험할 수 있는 가치가 입장료를 넘어선다. 관광객들은 입장하는 순간 하이네켄 마크가 찍혀 있는 팔찌를 받는데 이 팔찌로 3가지 혜택을 누릴 수 있다. 첫째는 박물관 입장 혜택이고 둘째는 무료 맥주를 마실수 있는 시음권이다. 마지막은 관광기념품의 역할이다.

　하이네켄 박물관에 입장하면 관광객들은 다양한 체험 행사에 참여할 수 있다. 하이네켄 맥주 제조 방법도 하이네켄 직원을 통해 직접 들을 수 있으며, 심지어 놀이기구도 있어서 맛과 재미를 모두 만족시키는 최고의 추억을 선사한다. 박물관의 마지막 코스는 화려한 조명과 음악이 흘러나오는 맥주 바Bar다. 이 바에서 막 생산된 시원한 맥주를 마시며 여러 나라에서 온 관광객들과 이야기를 나눌 수 있다. 관광객들은 이 특별한 체험과 경험을 인스타그램, 페이스북 등으로 퍼 나른다. 하이네켄은 이들이 더 왕성하게, 더 자유롭게 양조장 박물관의 분위기를 전하도록 최대한의 서비스를 제공한다. 관광객들이 사진을 찍으면 각자의 이메일로 사진 파

일을 보내준다. 이렇게 전 세계로 퍼져가는 하이네켄 박물관 체험을 통해 하이네켄으로서는 엄청난 광고를 한 셈이 된다. SNS 마케팅은 잘만 활용하면 하이네켄처럼 비용을 최소화하여 광고할 수 있는 방법도 생긴다. 이 방법이 하이네켄만의 전유물이겠는가. 빵 가게, 옷 가게, 오래된 서점, 구두 가게 등도 SNS 사용자들에게 특별한 체험을 제공하면 그들이 알아서 홍보해 준다.

하이네켄의 또 다른 이벤트는 2012년부터 아시아 지역에서 개최되고 있는 세계적인 일렉트로닉 음악 페스티벌 '하이네켄 센세이션'이다. 이

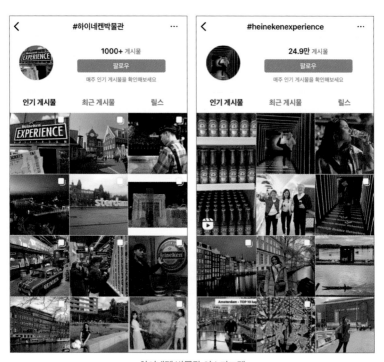

하이네켄 박물관 인스타그램

　　　　　　　　　　　　　　　1등은 당신처럼 SNS 하지 않는다

페스티벌의 드레스 코드는 화이트이고 많은 셀러브리티와 세계적 DJ의 참여로 수만 명의 관객을 모은다. 그리고 이곳에서의 센세이셔널한 무대, 강렬한 음악, 독특한 드레스 코드 SNS를 통해 전 세계로 퍼져나간다. 사실 이 무대는 엄청 많은 인력과 자본이 투자된다. 그런데도 이 페스티벌을 하는 이유는 단순한 음악 페스티벌이 아닌 자신의 브랜드를 경험하고 브랜드와 커뮤니케이션 할 수 있는 창구를 만들기 위함이다. 하이네켄의 주 고객층이 누구인가? 하이네켄 핵심 타깃인 젊은 층들이 브랜드 이미지와 맞는 공간에서 즐거운 경험을 함으로써 문화 경험과 브랜드 경험을 동시에 형성하고 이는 소비자가 브랜드 선호도를 구축하는 데 큰 영향력을 행사한다. 하이네켄 센세이션은 고객과 브랜드가 공동경험을 형성하고 고객들이 파티를 즐기면서 브랜드 이미지를 각인시킬 수 있다는 점에서 '마케팅 루덴스'에 포함된다.

하이네켄이 주도적으로 수행하고 있는 마케팅 루덴스는 유희하는 인간인 '호모 루덴스Homo Ludens'에 마케팅을 결합한 말이다. 역사학자 요한 하위징아Johan Huizinga는 인간 문화는 놀이에서 발생한다는 것과 함께 유희하는 속성을 지닌 인간을 호모 루덴스라고 말한다. 마케팅Marketing과 루덴스Ludens의 결합으로 이루어진 마케팅 루덴스는 소비자에게 제품을 판매하는 것을 넘어서 새로움과 체험, 재미, 감성, 문화, 교육 등을 제공하여 고객과의 공동 경험을 만들어가는 것을 의미한다. 인간의 본능에서부터 놀이와 학문이 시작했듯이 일과 놀이의 경계가 무너지는 현상이 마케팅에서도 일어난 것이다. 필자는 이 마케팅 루덴스가 최근 MZ 세대들의 소비성향과 딱 맞아떨어진다고 여긴다. 하이네켄은 체험 마케팅을 통해 브랜드를 소비자가 직접 홍보하게 하고, 마케팅 루덴스를 통해 소비자가 단순한 체험을 넘어선 능동적인 참여를 통해서 즐거움을 얻고, 공동의 경험을 형성하게 하여 성공을 거두고 있다.

하이네켄 체험 마케팅 SNS 성공 포인트

하이네켄은 SNS 사용자들의 취향을 정확하게 꿰뚫었다. 뭔가 특이하고 재미있는 경험을 제공하여 이를 지인들에게 자랑하게 했다. 고객들은 돈을 내고 하이네켄의 제품과 브랜드를 전 세계에 알렸다. 맥주뿐만 아니라 하이네켄 로고가 있는 가방, 옷, 신발, 열쇠고리, 병따개, 마우스, USB 등 하이네켄의 다른 제품도 세상에 알렸다. 고객은 자기의 즐거움을 채워주면 얼마든지 브랜드를 알아서 홍보할 용의가 있는 이들이다. 고객들에게 나의 제품을 소비하게 하는 시선을 바꿔 나의 제품을 체험하고 갖고 싶게 만들어 보자.

한국에서도 비슷한 사례가 있다. 카카오프렌즈가 홍대 매장에 한쪽은 라이언 카페, 한쪽은 카카오미니 체험&판매존을 마련하기도 했다. 당시 카카오미니는 시즌 판매를 해서 많은 사람이 놀거리, 볼거리로 인해 방문하기도 했다. 나이키도 서울 명동에 700평 규모의 거대 매장을 냈다. 서울과 스포츠를 소비자와 잇는다는 매장 콘셉트를 가지고 새로운 차원의 리테일 서비스를 제공한다. 기존 매장과 다른 혁신적인 디지털 체험을 제공한다는 점에서 많은 사람이 발길을 잇고 있다. 고객이 내 제품을 소비한다는 시선을 바꿔 내 제품을 체험한 고객이 그 제품을 갖고 싶게 만들어 보자.

가스보일러도 SNS를 만나
탈바꿈하는 시대

경동나비엔, 귀뚜라미 보일러, 린나이

||||||||||||||||||||||||||||||||||||||||||||||||||||||||||||||||||||||||

코로나19의 영향일 수도 있지만 SNS는 좀처럼 변할 것 같지 않은 업체도 변화시킨다. 오프라인보다 온라인 문화가 확산하여서 더는 SNS를 외면할 수 없는 상황이 가스보일러 업계의 전략을 바꾸어 온라인의 메인 타깃들에게 다가가기 시작했다. 소비자들의 다양한 욕구를 만나고 이를 충족시키기 위해 SNS로 소통한다.

2021년, 우리나라의 가스보일러 시장 규모는 150만 대를 넘어설 것으로 보이며 겨울철 본격적인 성수기에는 SNS 마케팅 활동을 더욱 활발하게 펼친다. 코로나19의 언택트 트렌드는 집콕 문화를 확산시켰고 가스보일러의 사용 빈도도 당연히 늘어났다. 국내 가스보일러 시장을 주도하는 경동나비엔, 귀뚜라미보일러, 린나이코리아 등 빅 3는 2021년 상반기에

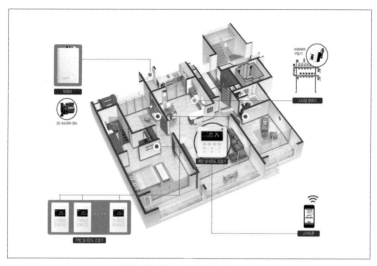

IoT 기술을 활용한 보일러 각방제어시스템 개요

8% 이상의 판매 실적 성장을 기록했다. 이 수치는 단순히 코로나19 때문이 아닌 주거용 건물의 증가도 한몫했다. 사람들이 집에 머무는 시간이 많아지면서 환경에 대한 관심도 증가했다. 이에 따라 가스보일러의 단순 기능 보다 안전성 편리성 효율성은 물론, 집안의 쾌적한 환경 개선 등 다양한 욕구도 제품에 반영되고 있다.

메타버스 등 AI 산업도 가스보일러 업계를 변화시키고 있다. 사용자의 피부 온도 상태와 사용 패턴을 자동 인식해 자동으로 온도를 조절하는 것처럼 사용자의 라이프 스타일과 개개인의 상태에 맞춘 AI 기능도 제품에 반영된다. IoT 보일러 등 최고급형 친환경 가스보일러 제품도 소비자들의 눈길을 사로잡는다. 사람들을 만나지 않고 집으로 향하는 소비자들에게 집 밖에서 스마트폰으로 보일러를 켜는 기능은 이미 활성화된 상태다. 가스보일러 업계는 이미 최첨단 ICT 기술을 만났고, 이를 소비자와 소통하기 위해 SNS를 적극적으로 활용하기 시작한 것이다.

귀뚜라미보일러는 자체 홈페이지를 통해 소비자와 비대면 소통을 진행하고 있다. 또한 편의점 브랜드인 '세븐일레븐7-Eleven'과 협업했다. '귀뚜라미보일러 핫팩'을 출시해 '남녀노소 누구나 친근하게 접근할 수 있는 편의점이란 공간에서 만나는 귀뚜라미보일러'라는 기획을 통해 MZ 세대 소비자들에게까지 재미와 감동을 전달했다.

귀뚜라미보일러는 새로운 계절 상품 출시를 검토해 기성세대와 MZ 세대 모두를 아우를 수 있는 언택트 소통방식을 지속해서 개발해 나가는 중이다. 린나이코리아는 네이버 스마트 스토어부터 유튜브 라이브 방송과 SNS 등 다양한 채널을 활용한다. 대성쎌틱에너시스도 트로트 가수 장민호를 모델로 기용해 광고한다.

귀뚜라미 핫팩 출시

보일러 원격 제어 시대를 열었던 경동나비엔은 고객에게 더욱 쾌적한 생활을 선사하기 위해 스마트 홈 시장으로 무대를 넓혀 나가고 있다. 스마트 홈에 필수적인 요소인 난방을 보다 편리할 수 있도록 지원하는 것은 물론, 생활에 가장 중요한 요소 중 하나인 실내 공기 질을 더욱 쾌적하게 관리할 수 있도록 돕는 동시에, IoT 기술력을 기반으로 다양한 제어가 가능하게 하는 홈 IoT 제품을 지속해서 선보이며 고객의 편의성을 높이는 중이다. 2018년 9월 출시된 구글 홈, 구글 홈 미니는 물론 네이버 클로바 등 인공지능 스피커와의 연동이 가능하여 음성을 통해 편리하게 난방이나 온수 온도 조절 등 보일러의 기능을 조절할 수도 있다. 여기에 부모님 댁에서 일정 시간 보일러 사용이 없을 때 자녀에게 이를 알리는 효 알림 기능이나, 제품 고장 시 미리 고객에게 이를 안내하는 프리미엄 원격 케어 서비스까지 지원하기 때문에 사용자가 안심하고 원하는 최적의 환경에서 난방을 사용할 수 있는 점도 경동나비엔만의 차별화된 강점이다.

코로나19 장기화와 언택트 시대의 도래로 인해 가스보일러 업계는 주

린나이 스마트링크 홍보 이미지

거 환경에서 중요한 요소로 급부상하고 있다. 실내공기 질 관리에도 집중하는데, 이는 건강관리를 위해 중요한 부분을 차지하면서도, 집 안 공간을 더욱 쾌적하게 만들어가기 위해 필수적으로 고려해야 하는 요소인 '공기'의 중요성이 더욱 주목받고 있기 때문이다. 특히 코로나19 예방을 위해서는 실내 공기를 주기적으로 환기하는 것이 중요하다는 점이 널리 알려졌다. 미세먼지 외에도 이산화탄소, 휘발성 유기화합물 등 다양한 요소를 복합적으로 관리해야 쾌적한 실내 공기를 유지할 수 있다는 점이 알려지며 환기는 실내공기 질 관리의 핵심적인 요소로 급부상했다.

이제 보일러도 온라인에서 찾아보는 시대가 도래하면서 온라인 마케팅 확대는 불가피하다. 친환경 보일러 전문기업이자 국내 주방 브랜드 1세대 린나이는 소비자에게 친근한 주방 아이템을 중심으로 메타버스 요소 중 하나인 라이프로깅Lifelogging 마케팅을 활발하게 전개해 나가고 있다. 린나이는 '건강하고 편안한 삶을 창조한다Creating a Healthier Way

원격 난방 제어시스템 화면

1등은 당신처럼 SNS 하지 않는다

Of Living'는 브랜드 비전과 함께 인스타그램, 페이스북, 유튜브 채널을 통해 소비자의 삶에 브랜드를 더하는 활동으로 브랜드와 소비자간 접촉점을 늘리는 중이다. SNS 린나이 릴렉스 프로젝트는 린나이 메타버스 라이프로깅 마케팅의 대표적인 활동이다. 감성적인 이미지와 동영상을 통해 린나이가 추구하는 제품의 이미지를 노출하였다. 이를 통해 소비자와 직접 소통하며 브랜드 정체성과 이미지를 구축해 나가기 위해, 가정에서 실제 사용하며 느꼈던 제품의 장·단점을 소비자가 직접 표현하고 이를 제품의 특장점 페이지나 공식 SNS에 노출했다.

경동나비엔의 "여보 아버님 댁에 보일러 하나 놓아드려야겠어요"라는 카피는 대한민국 전체를 강타했고 엄청난 홍보 효과를 가지고 왔다. 그런데 생각해 보자. 지금 우리는 하루에 얼마나 TV를 시청할까? 무수히 많은 광고 속에서 기억나는 광고는 얼마나 있을까?

시대가 변했다. 기술은 큰 차이가 없다. 결국 삶의 감수성 측면에서 얼마나 소비자들과 소통하느냐가 문제다. 그래서 SNS 소통이 중요하다. 인스타그램, 페이스북, 유튜브 채널을 통해 소비자 삶의 브랜드를 더하는 콘셉트의 소비자 중심 마케팅 활동을 강화해 나가야 한다. 린나이처럼 메타버스 라이프로깅 마케팅도 모범 사례다. 린나이는 자사 제품의 이미지를 노출하고 가정에서 실제 사용하며 느꼈던 제품의 장·단점을 소비자가 자신의 채널에서 직접 표현한 뒤, 이를 린나이 공식 홈페이지 또는 SNS에 게시해 바이럴Viral을 유도하는 프로젝트로 정착시키기도 했다.

소비자의 이야기에 귀 기울이면, 만족을 느낀 소비자들이 영업사원이 되어준다. 가까운 곳에 답이 있다. 소비자의 삶을 변화에 주목하고, 그들이 자랑하고 싶게끔 만들기 바란다. 그러면 매출은 자연스럽게 오를 것이다.

지금은 수제 맥주를 마시러 편의점으로 향하는 시대

곰표 맥주, 세븐브로이 맥주 등

코로나19로 음주 문화도 바뀌고 있다. 그리고 그 변화를 가장 먼저 받아들인 곳이 편의점이다. 요즘 편의점에 가면 그냥 진열대의 상품만 구경해도 재미있어질 정도로 희한한 상품이 많다. 컬래버레이션의 열풍으로 뻔한 상품들이 펀Fun한 상품이 되었다. 그 펀한 것 중 가장 눈에 띄는 것이 혼술 트렌드를 이끄는 수제 맥주들이다. 도대체 어떤 맥주를 골라야 할지 모를 정도로 눈길을 끄는 수제 맥주들이 넘쳐난다. 과거에 4캔에 만 원 정도가 소비자의 시선을 끌었다면 이제는 웬만한 컬래버레이션 맥주가 아니면 명함도 못 내밀 정도로 다양해졌다. CU 편의점 단독으로 판매하는 수제 맥주만 해도 27가지나 된다.

편의점 수제 맥주 중에 단연코 앞서가는 것이 곰표 맥주다. 곰표를 밀가루로 착각하는 이라면 그야말로 옛날 사람이다. 곰표는 화장품도 있고, 가방도 있고 이제는 맥주까지 그 영역을 확장했다. 편의점 냉장고에 놓여있는 곰표 맥주는 사진을 찍어 SNS에 올리기 좋은 훌륭한 먹잇감이다. 이제 MZ 세대라면 곰표 밀맥주를 모르는 사람이 없을 정도로 꽤 높은 인지도를 확보하고 있다. 곰표 맥주는 곰표 밀가루를 만드는 대한제분과 수제 맥주 업체 세븐브로이의 합작 상품이다. 이 맥주가 편의점 수제 맥주 판매의 대박을 이끌었다. 새로운 멋과 레트로 감성이 만나 제대로 성과를 냈다.

사실 컬래버레이션을 한다고 다 성공하는 건 아니다. 시멘트 팝콘, 구두약 맥주, 유성매직 탄산수 등은 소비자들의 반감을 산 대표적인 상품들이다. 그런데 곰표 밀맥주는 왜 성공했을까? 적당한 수준의 컬래버레이션 수위와 맛, 마케팅 등 3개 조건이 잘 맞아떨어졌기 때문이다. MZ 세대들

이색 협업 제품 사례

1등은 당신처럼 SNS 하지 않는다

편의점에 진열된 다양한 맥주 상품들

의 블로그나 인스타그램 등을 엿보면 '핫템인 곰표 맥주를 먹어봤냐'는 이야기들이 눈에 띈다. 밀가루 업체와 밀맥주의 연결도 자연스럽다. 디자인도 독특하고 맛깔스럽다. 페북에도 곰표 맥주 4캔에 만 원 특템했다는 이야기가 넘친다. 곰표 맥주는 질적으로도 수준이 높다. 곰표 맥주를 만든 세븐브로이는 한국 1세대 수제 맥주 업체로 2011년도에 창립된 회사이다. 국내 최초로 에일 맥주를 선보인 곳이기도 하다. 세븐브로이 맥주는 롯데제과와 협업으로 '쥬시후레쉬 맥주'도 선보였다. 곰표밀 맥주는 2021년 5월 CU에서 카스와 테라, 하이네켄 등을 제치고 전체 맥주 매출 1위를 기록하기도 했다.

　CU는 곰표 맥주의 인기에 힘입어 말표 흑맥주, 백양 맥주, 말표 청포도 맥주, 매릴린 먼로 맥주, 불닭 망고 에일 등을 잇달아 출시하며 흥행을 이어갔다. 2021년 1~10월 기준, CU의 전체 맥주 매출 가운데 수제 맥주가 차지하는 비중은 15.2%에 달한다. 다른 편의점은 어떨까? GS25의 수제 맥주는 랜드마크 시리즈를 내걸었다. 2018년, 광화문을 시작으로 제주 백록담, 경복궁, 성산일출봉, 남산 등의 수제 맥주를 선보였고 가전 브랜드와 협업으로 금성 맥주, 아웃도어 브랜드와 손잡은 노르디스크 맥주 등 총 8종을 단독 판매하고 있다. GS25의 경복궁 맥주는 세계맥주 품평회 인터내셔널 비어 컵에서 금메달을 수상했고, 노르디스크 맥주는 2021년 6월 출시된 이후 완판 기록을 세웠다. CU 수제 맥주 1위가 곰표 맥주라면 GS25의 수제 맥주 1위는 노르디스크 맥주다. 세븐일레븐은 배달의민족과 손잡고 캬 맥주, 굿 맥주, 와 맥주 3종으로 홈술족의 시선을 끌었다. 캬 맥주는 2021년 7월 출시한 지 보름 만에 초도 물량이 소진됐고, 2022년 현재도 세븐일레븐 수제 맥주 판매 1위를 기록하고 있다. 세븐일레븐은 롯데 계열사답게 껌 브랜드와 협업한 쥬시후레쉬 맥주, 스피아민트 맥주, 골뱅이 브랜드와 협업한 유동골뱅이 맥주 등 10종의 수제 맥주를 단독으로 판매 중이다.

편의점 수제 맥주의 열풍은 역시 SNS가 주도한다. '너 이런 것도 먹어 봤니?'의 호기심이 급속도로 SNS 상에 퍼져나간다. 업체가 따로 홍보해주지 않아도 고객이 나서서 특이한 제품들을 홍보한다. 최근 2~3년 사이 소비를 주도하는 MZ 세대는 가잼비, 가격 대비 만족도를 추구한다. 보통 40대 이상은 가성비, 즉 가격과 맛을 따지지만 30대는 마음을 흔드는 가격 대비 만족도, 20대는 재미를 추구하는 가잼비가 우선이다. 곰표 맥주는 가잼비의 첨병이라 할 수 있다. 그래서 SNS 상에 핫템으로 등극한 것이다.

편의점 수제 맥주의 SNS 성공 포인트

지금은 가잼비, 즉 재미를 자극하지 않는 상품은 소비자가 거들떠보지 않는다. 왜? SNS 상에 자랑할 만한 포인트가 중요하기 때문이다. SNS를 뜨겁게 달구는 수제 맥주 열풍은 이 가잼비를 갖추었기 때문이다. '이거 희한한데' '너, 이거 먹어봤어?'라는 말 정도는 나와야 성공할 수 있다. 협업이 대세이기는 하지만 무조건적 협업은 인기를 끌 수 없다. 그러므로 억지스러운 것이 아니라 적절한 조합이 중요하다. 소비자의 피로감 도 감안해야 하고, 소비자가 만족스럽게 자발적으로 사진을 찍어 공유하고 싶은지를 고민해 봐야 한다.

'너도 성공했으니 나도 성공할 것'이라는 안이한 자세의 접근도 위험하다. 가잼비는 같은 패턴은 관심을 두지 않는다. 남들 다 가진 득템, 핫템은 더 이상 핫템이 아니기 때문 이다. 그래서 더 어려울지는 모르지만 한번 성공하면 제대로 각인시키는 효과가 있다.

전통 시장과 SNS가 만나면
어떤 삶의 변화가 생길까

대전 태평 시장, 충북 음성 무극 시장

||||||||||||||||||||||||||||||||||||||||||||||||||||||||||||||||||||||||||||

시장, 그 단어만으로도 푸근하고 구수한 이미지가 떠오른다. 한국인치고 시장의 흥과 정을 맛보지 않은 사람이 있을까? 외국인들조차 한국 체험을 하면 꼭 들른다고 할 정도로 전통 시장만의 매력이 있다. 그런데 그 시장이 대형마트의 공습으로 한때는 위기에 처했던 적이 있다. 그러나 그 매력을 잊지 못하는 소비자들이 전통 시장을 찾고, 전통 시장 역시 달라진 소비자들의 취향을 끌어들이기 위해 노력하면서 사람들의 발길이 다시 전통 시장으로 이어지는 중이다.

전통 시장이 디지털의 옷을 입고, SNS로 무장하면 어떻게 될까? 이제 소비자의 세대가 바뀌니 전통 시장도 SNS를 도입하기 시작했다. MZ 세대와 소통하려면 SNS가 절대 무기이기 때문이다. SNS는 사람들을 끌어들이는 역할만 하는 게 아니라 그 사람들을 단골로 만들고 계속 머물게 하는 힘도 있다. SNS의 날개를 달면 지방 촌구석의 전통 시장도 파리나 뉴욕에 알려져 외국 관광객들이 몰려들지도 모르는 일이다.

디지털 전통 시장, SNS 전통 시장의 첫 테이프를 끊은 곳이 바로 대전 태평 시장이다. 태평 시장은 2016년에 처음 SNS를 활용하면서 그 신세계에 발을 내디뎠다. 당연히 시장 상인들이 힘을 모았고, 그렇게 소셜상인회가 태어났으며 이후 수많은 성공사례를 만들어 냈다. 그동안 마케팅에 소극적이었던 전통 시장도 태평 시장의 움직임을 보고 조금씩 변화의 몸짓을 보이기 시작했다.

2016년 5월, 대전에서 최초로 전통 시장 SNS 교육이 진행되었다. 150여 개 점포가 20여 회의 걸쳐 교육받고 시장 SNS 마케팅이라는 신세계를 경험했다. 30대 주부이자 시장상인회 매니저의 페이스북은 4개월 만에 팔로워 수가 5000명이나 폭증했다. 게시물의 좋아요도 1천 개가 넘었다. 태평 시장 매니저가 페이스북에 올리는 게시물은 수천만 원 이상의 광고효

대전 태평 시장의 전경

SNS 활동으로 유명해진 대전 태평시장

과가 날 정도였다. 이 매니저는 대전에서 SNS 유명 인사가 되었고, 강의도 여러 곳으로 다닐 정도로 놀라운 변신을 이루었다. SNS는 배우는 것만으로 끝나서는 안 된다. 태평 시장은 소셜상인회를 만들어 배운 것을 지속해서 실천해 나갔다.

이제 태평 시장뿐만 아니라 전국의 시장들이 SNS의 맛에 빠져들었다. 경남도내 18개 시·군 기초자치단체와 공공기관장이 시장 장보기 캠페인을 실시하였다. 그리고 나서 SNS에 게시하고 다음 주자를 지명해 전통시장 이용 활성화를 위해 민간참여를 유도하는 '전통 시장 장보기 릴레이 캠페인'을 진행했다. 전주의 중앙 시장과 논개 시장 상인들은 다양한 분야의 전문 강사를 초빙해 고객과 상인 모두의 동반성장 시장문화 형성을 위한 인식개선, 스마트폰 · SNS 활용을 통한 디지털 변화 적응, 중앙상권

활성화를 위한 상인 서포터즈단 및 상인을 대상으로 한 상인대학 '상행선(상인들을 위한 행복한 선물)' 입학식을 개최하기도 했다.

충북 음성의 무극 시장은 한발 더 나아가서 모바일 잡지까지 만들어 홍보에 열을 올리고 있다. 무극 시장은 매월 2회 모바일 잡지를 발행할 뿐 아니라 시장 내 전광판을 통해서도 상가 할인 정보를 적극적으로 홍보한다. 무극 시장의 모바일 잡지는 단순히 무극 시장의 소식을 전하는 것만 아니라 제품 정보를 모바일로 손님에게 보내는 공격적인 마케팅도 진행하고 있다.

SNS 서포터스를 운영하는 시장들도 점점 늘고 있다. 괴산의 전통 시장은 SNS 서포터스들이 오일장을 홍보하고 있으며, 코로나19로 인한 비대면 시대를 적극적으로 헤쳐 나가기 위해 광진구는 온라인으로 전통 시장 장보기도 가능하게 했다. 네이버쇼핑의 동네 시장 장보기에 들어가면 본인이 사는 곳 근처 시장의 장보기가 가능하다.

정말 전통 시장의 변신의 끝은 어디 일지 기대가 된다. 이는 생존을 넘어 변화를 위한 도약이 될 것임이 분명하다. 그리고 그 변화의 시작에 SNS의 활약이 활기를 더해주고 있다.

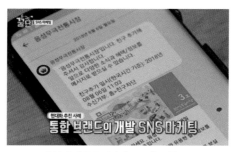

충북 음성 무극 시장의 SNS 홍보 활동

전통 시장의 SNS 성공 포인트

시장이라는 유통 기관의 기본 정서는 바로 정情이다. 그 정을 SNS로 확대해서 나누는 전략이 전통 시장의 성공 포인트다. 지방마다 오래된 시장들이 있다. 그리고 점포마다 제품의 스토리와 매력이 있을 것이다. 각 시장만의, 점포들만의 특색과 장점을 SNS 서포터스를 통해 적극적으로 알리는 것도 나름 유효한 전략이었다. 앞서 살펴본 사례는 상인들 역시 수동적으로 고객을 기다리지 않고, SNS 활용법을 배워 모바일 장보기를 연계하는 것 역시 SNS로 인한 성공 요인이라 할 수 있다.

사실 SNS를 하는 것은 흐름을 따라가는 것이고, SNS를 하지 않는 것이야말로 뒤처지는 시대가 되었다. 코로나19의 영향으로 온라인에서 아무것도 하지 않는다면 내 입지는 점점 좁아진다. 전통 시장이라고 전통의 방식을 계속 고수하면 안 된다. 전통 시장의 경쟁사는 이미 온/오프라인으로 포화상태라 할 수 있다. 그 경쟁에서 살아남으려면 SNS를 할 수밖에 없다. 시장에 날개가 달아줄 SNS를 잘 모른다고 피하고 남의 손에 맡길 게 아니다. SNS를 다루고 관리하는 법을 직접 배워서 자신의 이야기를 가장 진솔하고 진정성 있게 소문내길 바란다.

아무도 눈여겨보지 않았던
빅데이터 분석으로 매출 50% 상승

베노플러스 겔

성공이라는 건 남들이 걸어가지 않은 길을 먼저 과감하게 걸어갔기에 움켜쥘 수 있는 것이다. 기업이 제품을 만들었을 때 성공보다는 실패의 경우가 더 많다. 지금 우리 앞에 안착한 브랜드는 수많은 실패를 딛고 그 자리에 선 고난의 선물이다. 유유제약의 '베노플러스 겔'도 실패의 아픔에서 새로운 길을 찾은 좋은 성공 사례다. 특히 SNS 마케팅에서 가장 중요하게 생각하는 것 중의 하나인 빅데이터 분석을 통해 지지부진했던 매출을 반전시켰다.

유유제약의 베노플러스 겔은 어린이를 대상으로 한 진통소염제로

베노플러스 겔 제품 이미지

베노플러스 겔 홍보 포스터

출시하여 20여 년의 세월을 지나온 나름 장수 브랜드다. 그런데 이 브랜드가 회사에는 큰 이득을 주지 못했다. 이유는 타깃에 있었다. 멍 치료제의 속성상 잘 넘어지고 다치는 개구쟁이 어린이들에게 적합할 것이라고 생각한 최초의 타깃 설정에서 단추를 잘못 끼웠다.

유유제약의 마케팅팀은 2012년 빅데이터 전문업체에 의뢰해 26억 건에 달하는 소셜네트워크 데이터를 분석했다. 결과는 멍을 검색하는 사람들이 대부분 여성이었다는 것이다. 그리고 그 여성들은 베노플러스 겔을 찾지 않고 엉뚱하게 멍을 지우는 자연요법만 검색하고 있었다. 멍의 연관 검색어로 '쇠고기'와 '계란'이 검색 상위 순위에 올랐다. 유유제약은 이 결과를 바탕으로 '멍과 어린이'의 유착관계를 버리고 '멍과 여성'으로 방향을 급선회하였다.

사실 '멍과 여성'은 아주 밀접한 관계가 있다. 쌍꺼풀 수술이나 필러 수술을 하고 난 후 멍과 부기가 항상 문제였고, 이를 해결하려는 여성들의 검색이 빅데이터에 큰 비중으로 나타났다. 꼭 수술이 아니어도 여성들은 팔다리에 멍이 있을 때 치마나 민소매 옷을 마음 놓고 입을 수 없었다. 여성들에게 멍이라는 건 단순하게 건강의 문제가 아니라 아주 중요한 미용의 문제였다.

유유제약은 이러한 빅데이터 분석을 통해 타깃을 여성으로 바꾸고 캐릭터도 못난이 인형에서 여성 일러스트로 전환했다. 2012년부터 본격적인 브랜드 리포지셔닝 작업에 들어가서 각종 광고 매체에 메인 타깃을 여성으로 교체했다. 그 결과 멍 치료제 시장의 독보적인 일인자로 베노플러스 겔이 올라섰다. 정말 극적인 반전이었다.

20여 년 동안 매출이 지지부진했던 제품이 빅데이터 분석으로 타깃만 바꿨는데 시장 1위 브랜드를 만들었다. 유유제약 베노플러스 겔은 이 빅데이터의 분석과 활용으로 제품을 리 포지셔닝 시켜서 마케팅 신화를 이루어냈고, 이를 바탕으로 한국정보통신진흥협회에서 주최한 '제1회 빅데이터 분석/ 활용 경진대회'에서 은상을 수상했다. 매출 역시 리 포지셔닝 후 50%나 상승했다. 타깃 하나 바꿨을 뿐인데 기업에 대박을 안겨 준 것이다.

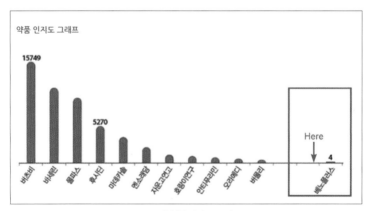

2012년 약품 인지도 조사

이처럼 SNS 마케팅에서 빅데이터는 고객들이 말하지 않은 잠재적 니즈를 발견하는 데 아주 유용한 도구이다. 요즘같이 빅데이터가 중요해지고, 활용도가 높은 때에는 마케팅도 통계를 기본으로 해야 한다. 소상공인이라 할지라도 네이버 광고 사이트 등을 통해 매출과 관련된 데이터를 확인하고 활용하는 것이 필수이다.

유유제약 '베노플러스 겔'의 SNS 성공 포인트

SNS는 아주 유용한 데이터들이 넘쳐난다. 그 데이터를 잘 활용한 기업이 유유제약이다. 빅데이터 분석은 타깃은 물론 시장의 숨겨진 니즈를 파악하는 데 아주 유용하며 유유제약은 이를 성공적으로 활용해 매출의 비약적인 신장을 이룰 수 있었다. 빅데이터는 사람들이 어떤 이야기를 하고 어디에 관심 있는지 분석하는 도구이다. 이를 활용해서 이처럼 매출의 변화를 만들어낼 수 있다. 마케팅은 감이 아니라 통계와 데이터를 바탕으로 진행하는 게 기본이다.

대기업처럼 빅데이터로 이야기하지 않아도 된다. 모든 SNS는 비즈니스 계정을 운영하게 되면 통계 기능을 사용할 수 있게 된다. 그런 SNS(인스타그램, 블로그, 유튜브 등)에서 제공해 주는 통계를 통해서도 고객의 니즈를 충분히 찾을 수 있다. 그러므로 그 데이터를 통해서 고객이 어떤 언어를 사용하고 검색하는지 알고, 그 데이터를 통해 의미있게 해석하여 마케팅에 적용해야 한다.

이제는 의사들도
유튜버로 전문성을 홍보하는 시대

병원, 의사들의 유튜브 활동

개원만 하면 돈 버는 병원의 시대는 이미 끝이 났다고 해도 과언이 아니다. 이제는 의사도 자기 홍보에 나서야 한다. 손님인 환자가 오지 않으면 병원 문을 닫아야 하는 게 자본주의 사회의 현실이다. 요사이 파산 신청을 하는 의사들이 많은 것은 이런 흐름을 무시하고 옛날 방식을 고집했기 때문이지 않을까 싶다. 같은 건물, 혹은 옆 건물에 같은 업종의 병원이 있다면 사람들은 어느 병원에 먼저 갈까? 당연히 스마트폰으로 검색해서 입소문 있고, 평판 좋고, 홍보도 열심히 하여 나름 매력을 알리는 곳을 찾기 마련이다.

병원 마케팅은 기본적으로 블로그 상위노출, 카페 침투(카페에 가입해서 질문 및 댓글을 남기는 형태), 인스타그램 등 각종 계정관리가 핵심이다.

활발하게 유튜버로 활동 중인 의사들

블로그도 자기 병원 관련 정보를 집중적으로 포스팅하면서 고객의 관심을 유도하고 상위노출 전략도 병행해야 한다. 성형, 피부, 치과 등의 병원은 카페 침투를 통해서 로컬이나 관련분야의 예비환자들을 병원으로 유입시킬 수 있는 마케팅도 진행해야 한다. 어떤 동네 치과의 경우는 카페침투만으로 3년간 68억 원을 벌었다 할 정도로 실력에 따른 효과가 좋은마케팅 기법이다. 병원 중에는 CPA 마케팅Cost Per Action: 광고주가 제공하고자 하는 제품/서비스에 대한 관심이 있는 잠재고객에게 광고를 통해 홍보함, 동영상 광고나 페이스북광고에도 손을 대며 열성을 보이기도 한다. 고객 유치를 위해 온라인 전략은 이제 필수가 되고 있다.

자기 PR 시대에 가장 유용한 홍보 매체가 무엇일까? 페이스북도 있고 블로그, 인스타그램도 있지만 지금은 역시 유튜브의 영향력이 가장 높아졌다. 마케팅의 초보임에 분명한 의사들은 자신의 성실하고 친절한 진료 영상을유튜브에 올리는 것만으로도 환자가 증가하는 걸 체감할 수 있을 것이다.

유튜브에서 '치과의사' 검색 시 노출되는 콘텐츠

지금까지 입소문만으로 환자를 끌어모았다면 의사가 진정성을 가지고 만든 영상을 보고 전국 곳곳에서 그 병원을 찾아 달려올 것이다. 이미 콘텐츠는 충분하다. 지금 눈앞에 있는 환자들과 그를 대하는 치료 과정이 충분한 경쟁력이고 콘텐츠다. '나는 충분히 실력이 있는데 왜 환자들이 오지 않을까?' 한숨 쉬며 고민하지 않았으면 한다. 그 실력을 영상으로만 만들어 놓으면 세상이 알아서 숨겨진 의사를 찾아 온다.

SNS 마케팅의 핵심은 스스로 억지로 무언가를 알리려 하지 말고 자신만의 독특한 콘텐츠를 만들어야 한다. '어, 재밌네' '어, 괜찮은 정보네' 이런 반응만 얻을 수 있어도 기본요건은 갖춘 것이다. 의료, 진료 관련 동영상은 의외로 구독자가 많다. 건강에 관심을 갖는 많은 사람이 능동적이고 적극적으로 그 영상들을 검색해서 찾아온다. 이들을 그냥 방치하면 안 된다. 이들을 자신의 병원 고객으로 적극적으로 끌어들여야 한다. 아니 그들이 굳이 고객이 아니어도 그들이 재생산하는 동영상이 세상으로 퍼져나가 홍보가 될 것이다. 그게 바로 의사들을 위한 SNS 마케팅이다.

안중호 서울아산병원 이비인후과 교수는 대한 이비인후과학회가 개최한 종합학술대회에서 '이비인후과 의사가 운영하는 유튜브 채널 : 단순 취미? 병원 홍보?'를 주제로 발표하며 의사 유튜버의 장·단점을 소개한 바 있다. 안중호 교수는 꽤 앞서가는 유튜버다. 이미 귀Ear와 꿈Dream의 합성어인 '이어드림'이라는 이름의 유튜브 채널을 운영 중인 의사로서는 SNS 선각자다. 안 교수는 그 학술대회에서 이런 말을 한다.

"전 세계적으로 코로나19가 확산되어 학회 일정도 많이 취소되었습니다. 그래서 주말을 효율적으로 이용하고자 유튜브를 시작했지요. 초기에는 여러 학회에서 강의했던 전문 강의를 위주로 영상을 제작했습니다. 그리고 지금은 코로나19 관련 메디컬 이슈나 건강강좌, 보청기 및 청각 재활 세션을 추가해 올립니다. 시청자들은 건강 상식이나 지식 습득을 전문가를 통해 얻기 바랍니다. 그래서 의학 관련 동영상 조회 수가 높은 것 같아요. 처음에는 취미 삼아 올린 것인데, 시청자가 늘면서 수익도 나고 홍보 매체도 늘었네요(출처: 안 교수 학술대회 뉴스 http://www.dailymedi.com/detail.php?number=875785&thread=22r03)."

안중호 교수의 유튜브 소개

취미가 돈이 되는 세상이다. 유튜브 혹은 SNS 마케팅은 낯설어하는 보수적인 의사분들이라면 안 교수의 말이 아주 중요한 조언이 될 것 같다.

유튜브는 세계 최대 규모 동영상 공유 플랫폼으로 오히려 네이버나 구글 검색보다도 유튜브를 먼저 찾는 경향이 늘고 있다. 안중호 교수에 의하면 의사 유튜브의 명확한 장점은 이미 충분한 의학적 지식을 소유하고 있기 때문에 따로 자료를 찾거나 공부할 필요가 없다는 점이다. 또한 짧은 시간 내 명확한 정보 전달을 위한 원고가 중요한데 전공의 시절 익힌 원고 작성 및 정리 능력을 활용할 수 있다고 설명한다. 반면에 이미 공급이 너무 많아지고 있다는 점과 의학이라는 특성상 자극적인 제목, 섬네일 등이 불가능하다는 점이 한계다.

의사들의 유튜브가 효과 있다는 얘기가 돌면서 유튜브에 너도나도 건강 관련 정보를 업로드 하는 의사들이 늘어나고 있다. 의사들에게 블루오션이었던 이 시장이 이제는 빨간색으로 물들기 시작하였다. 따라서 치

유튜브에서 활약 중인 의사들의 모습

열한 경쟁에서 돋보일 수 있는 신선한 콘텐츠의 개발도 필요하다.

이미 남들이 다룬 같은 주제라도 본인 생각을 담아 어떻게 더 쉽고 유익하게 풀어갈 수 있을까 고민해 봐야 한다. 어쨌든 병원 마케팅의 수단으로 SNS 마케팅은 당분간 활용 가치가 매우 높을 것이기에 꾸준한 활동은 전제가 되어야 한다.

건강에 대한 정보 갈증은 앞으로도 더 높아지면 높아졌지 줄어들지는 않을 것이다. 이 분위기를 의사들이 올바른 정보, 재밌고 유익한 정보로 이끌어가야 한다. 코로나19 백신으로 주목받는 제약회사들도 온라인 마케팅에 열을 올리고 있다. 플랫폼이 만들어진 순에 따라 인지도가 높게 나타났는데, 특히 MSD, 화이자, GSK 등은 코로나19 팬데믹 이전부터 온라인 마케팅을 지속하면서 오랜 기간 동안 다양한 방법을 모색하면서 플랫폼을 발전시켜왔다. 새로운 서비스들을 마련하면서 높은 인지도가 형성됐고 차별점, 경쟁력을 갖추게 되었다. 코로나19 여파로 의사들이 다양한 툴을 접하고 있으며, 제약사들도 양질의 콘텐츠를 기획한 후 온라인을 통해 전달하는 횟수가 늘어나는 중이다. 코로나19 종식 후에도 젊은 세대 의사 증가와 디지털 마케팅 편의성에 대한 경험 확대, 메타버스와 챗봇 등 최신 기술 발전 등으로 디지털 마케팅 활용은 지속해서 확대될 것이다.

병원, 의사들의 유튜브 활동 SNS 성공 포인트

의사를 위한 유튜브 마케팅의 핵심은 퍼스널 브랜딩과 팬심이다. 의사라는 거리감이 느껴지는 다소 보수적인 이미지에서 유튜브를 통한 친근한 이미지를 통해 친밀감을 느끼고 병원을 찾아오게 되는 팬심을 가지게 되는 것이다.

두 번째는 그 의사의 전문성을 유튜브를 통해서 미리 알게 되고 후기도 찾아보고 검색하며 그 사람에 대한 인지도가 높아지면서 퍼스널 브랜딩이 되어 사람들이 찾아오게 한다. 그리고 환자들이 알아서 입소문을 내어 결국 인기 있는 병원으로 포지셔닝하게 된다.

유튜브를 통해 병원과 의사를 선택하는 추세 역시 계속 늘어날 것이다. 그런 흐름에서 돋보이게 하려면 성실한 진료와 진정성은 필수다. 단지 남들이 하니까 나도 한다는 식이면 절대 네티즌들의 관심을 끌 수 없다. 세상 무슨 일이든 자기 일에 대한 전문성과 SNS 콘텐츠 제작의 성실성이 뒷받침되어야 꾸준한 인기를 얻을 것이다. 의사들은 일단 자신의 진료 과목에 관한 건강 관련 정보로 고객들과 소통하는 게 우선이다.

의사처럼 자기만의 전문성을 가지고 있는 사람은 이미 콘텐츠가 있기 때문에 지금 가진 콘텐츠를 영상이나 포스팅으로 형태를 바꾸면 된다. 블로그와 유튜브를 하는 사람은 많지만 의사 중에 하는 사람은 많지 않다. 그리고 SNS 소통을 통해 의사-환자가 아니라 의사-팬-고객의 사이로 이어지는 사례도 있다.

치과의사 이수진 씨는 각종 미디어에서 출연하고 있으며 인스타그램, 유튜브에서도 활약 중이다. 많은 팬덤을 가지고 있고 의사로서의 전문성을 가지고 제품을 분석해 공동구매를 유도하기도 한다. 인스타그램 스타 중에서는 외적인 요소와 전문성을 갖춘 몇 안 되는 사람이기 때문에 그녀의 몸값도 치솟고 있다. 전문성도 좋지만 이건 이제 기본이 되었고, 온라인이라는 플랫폼에서 시각화라는 부분을 무시할 수 없는 반증이기도 하다.

사장님 이런 것까지 알려줘도 돼요?
개인 카페들의 반란

개인 자영업자 유튜버

유튜브를 보다 보면 레시피 콘텐츠가 정말 많다. 자취생이 따라 하기 쉬운 요리라던가, 라면 맛있게 끓이는 방법 등이다. 특히 카페 사장님들이 알려주는 진짜 잘나가는 메뉴의 레시피가 눈에 띄는데, 영업 비밀이여도 유튜브를 통해 무료로 공개하기도 한다. 유튜브 댓글, 네이버 블로그를 통해서도 많은 사람들이 따라 하고 있다는 점을 알 수 있다. 실제로 카페를 준비하는 사람, 카페를 운영하는 사람도 '고맙다'며 댓글을 달기도 한다.

사실 서소일 채널의 경우는 코로나19 시국으로 인해 카페를 정리하면서 유튜브를 통해 레시피를 공유했던 그의 선한 마음이 평소 밀크티를 선호하였던, 또는 알고리즘에 이끌려 들어온 이들의 마음을 움직인 것이다.

서소일(Seoso1) 유튜브 채널 영상

유튜브를 통해 구독자가 6만 명이나 되며 많은 관심을 받고 있다. 현재는 서소일 스튜디오를 운영하고 밀크티 창업 클래스 및 카페 메뉴 컨설팅을 진행 중이다. 나눔으로써 더 많은 것을 돌려받은 셈이다. 영상을 보고 크게 2가지 반응이 나온다. 첫 번째는 직접 만들어 먹어 봄으로써 이 밀크티가 황금 같은 레시피임을 알게 된다. 그리고 실제로 몇 번 만들어보고 '그냥 사 먹는 게 낫겠구나'라는 생각이 든다. 이는 모두 밀크티를 구매하고 싶게 한다.

레시피 공개는 콘텐츠를 통한 유혹이다. 무의식적으로 우리에게 각인이 되며 먹고 싶다는 생각을 들게 한다. 레시피 공개에 대해 꺼려지는가? 이연복 셰프 명언이 있다. 〈냉장고를 부탁해〉에서 레시피 다 가르쳐주셔도 되느냐는 질문에 "가르쳐줘도 따라 할 사람만 하지, 게으른 사람은 안 해요"라고 말한 것이다.

그러므로 적당한 선에서 내 정보를 공개해 보는 것도 좋을 것이다. 레시피 공개를 통해 오히려 내가 전문가 임을 입증하고 입지를 다질 수 있는 계기가 될 수 있다. 이제는 나만 알고 싶은 정보를 나만 알다가는 우물

안 개구리가 될 수 있다는 사실을 기억해야 한다.

현재 531만 명(2022년 3월 기준) 구독자를 가진 백종원의 요리 비책 채널에서도 요리법, 레시피부터 장사 이야기까지 자신만의 노하우를 전수하고 있다. 여러 프랜차이즈를 운영하고 있는 백종원 씨가 만약 레시피를 공개하면 프랜차이즈 매출이 줄까? 직접적으로 상관관계는 알 수 없겠지만, 오히려 매출 증가가 됐으면 됐지 매출이 줄지는 않을 것이다. 그는 정확한 레시피를 알리겠다는 목표와 한식을 전 세계에 알리는 것을 목표로 하고 있다. 그는 유튜브를 통해 오히려 한식을 모르는 사람에게도 한식을 알리고 있어 잠재 고객을 이끌어온다. 전 세계의 잠재 고객을 끌

서소일 밀크티 네이버 검색 결과

김대석 셰프TV 유튜브 채널 영상

어와 한식을 매력을 알게 하는 것이 더 큰 이득을 가져올 수도 있다.

레시피 공개 콘텐츠는 지금도 유튜브, 블로그에 검색해도 수없이 나온다. 지금은 이미 클릭만으로도 쉽게 구할 수 있는 정보의 시대이기 때문에 사람들의 신뢰를 얻는 것도 하나의 전략으로 볼 수 있다.

넷플릭스의 경쟁사는 잠이라고 했다. 우리의 경쟁사는 옆집 카페 사장님이 아닐 수 있다. 요리 사례를 들어 말했지만 내가 가진 노하우를 공개하고 그로 인해 팬을 얻는 것이 더 이득일지도 모른다. 예를 들어, 전국에 미용사들이 많다. 주로 인스타그램, 블로그로 경쟁하고 있다. 자신의 노하우는 꽁꽁 숨겨 두고 '나 머리 잘해요'라고만 홍보한다. 소비자의 입장에서 생각해 보자. 머리 후기만 찍어서 올리는 채널과 머리 후기와 자신만의 노하우를 함께 올리는 채널 중에 어떤 채널에 더 신뢰가 가고 믿고 맡기고 싶은가?

필라테스 학원도 마찬가지다. 필라테스 강사가 되기까지 수강생들을 가르치기까지 많은 건강 노하우가 있을 것이다. 이러한 노하우를 블로그, 유튜브, 인스타그램에 공개해 보는 건 어떨까. 필라테스 기본 호흡법이라던가, 몸매 비결, 식단 비결 등 강사로서 생활이 모두 콘텐츠가 될 수 있다. 이런거 알려줘도 되나 걱정되는가? 걱정 마라. 그런 콘텐츠를 잘 관리한다면 신뢰를 얻고 팬을 만들며, 그 팬이 고객이 되는 경험을 하게 될 것이다.

장르의 벽을 허무는
예능 같은 광고의 행진

〈삼시네세끼〉〈슈퍼맨〉〈인싸오빠〉

이제 1인 미디어들이 공중파를 능가하는 세상이다. 그동안 공중파에서 많이 웃겼던 개그맨들도 유튜브에서 자신만의 이름으로 맹활약하고 있다. 프로골퍼가 지배했던 유튜브 골프 콘텐츠 시장에도 개그맨들의 진출로 지각변동이 일어났다. 정보에 재미가 더해지니 MZ 세대가 구름처럼 몰려들었다. 개그맨 김구라와 박준형 등 스타급 개그맨들이 잇달아 유튜브 채널 시장에 뛰어들고 있다. 유튜브 '골프 예능'의 경우는 타수 줄이기 팁 등 '정보 전달'보다는 오히려 중독성 강한 웃음 코드를 내세워 구독자를 늘리는 중이다.

먹방도 공중파를 패러디해서 재미를 모은다. 〈삼시세끼〉를 패러디한 젝스키스의 유튜브 채널인 〈삼시네세끼〉는 구독자 수만 200만 명에 육박

골프 예능 유튜브 채널 화면

한다. 이들 개인 방송들은 시청자들과 즉각 즉각 소통할 수 있어 더 인기를 끈다. 스타들과의 1 대 1 소통은 지금까지 방송에서 볼 수 없었던 또 다른 재미를 준다. 이들 스타의 유튜브 방송은 인맥을 활용하여 공중파에서 볼 수 없었던 게스트를 자유롭게 출연시킨다. 다음에는 어떤 게스트가 출연할지 궁금하게 하는 재미 요소도 갖춘 셈이다.

유통업계도 유튜브 '예능 바람'에 동참하고 있다. 유튜브를 단순히 물건을 파는 매체 기능을 넘어서 소비자들에게 색다른 재미를 주는 도구로 활용한다. 기존에는 주로 홍보 목적으로 이 매체를 사용했지만 이제는 MZ 입맛에 맞는 재미를 장착하기 시작했다. 이른바 펀Fun 소비의 트렌드를 반영하여 예능을 넘어서는 즐거움, 예능 그 이상의 탄탄한 스토리로 팬덤까지 형성하고 있다. 이렇게 잘 만들어진 콘텐츠를 통해 억지로 홍보하는 기존의 방식보다 더 홍보 효과를 높이고 소비자와의 소통도 친밀해지는 장점을 얻는다.

편의점 CU는 공식 유튜브 채널인 '씨 유튜브'를 통해 웹 예능 〈쓔퍼맨〉을 선보였는데, 한 달 만에 누적 조회 수 200만 회를 기록하는 대박을 터뜨렸다. 〈쓔퍼맨〉의 메인 모델은 가수이자 예능인인 데프콘이다. 데프콘은 슈퍼맨 복장을 하고 CU 판매 상품들을 배낭에 담아 거리에서 만난 시

유튜브 콘텐츠 〈쓔퍼맨〉 홍보 이미지

민들에게 맞춤 상품을 판매한다. 이 편의점표 예능은 우리 가까이서 늘 볼 수 있는 상품과 편의점을 소재로 친밀감을 높여 의외로 뜨거운 반응을 일으켰다. CU의 웹 예능은 그야말로 종횡무진이다. 삼각김밥 등 자체 브랜드 제품의 제조 과정을 보여주는 '씨유타임즈', 개그우먼 장도연이 편의점 점주 도전기를 담은 '도연이네 편의점' 등 다양한 콘텐츠로 소비자들의 시선을 완벽하게 사로잡는다. 콘텐츠도 웹 예능에만 국한되지 않고 웹드라마, 오디오 드라마 등 다채로운 포맷으로 팬층을 넓혀가고 있다.

G마켓은 보이 그룹 몬스타엑스의 멤버인 민혁과 형원을 모델로 유튜브 콘텐츠인 '인싸오빠Inssa Oppa G'를 통한 제품 홍보에 나섰다. 이 유튜브에는 매 회 한국 문화와 관련된 주제로 상황극을 진행하는데, '광고 같지 않은 광고'로 젊은 세대에서 인기몰이를 하면서 편당 수십 만 회를 넘어서는 영상 조회 수를 기록하고 있다.

유튜브 채널 〈열일사원〉의 한 장면

　11번가도 방송인 '강남'을 인턴사원으로 일하게 하여 회사생활 에피소드를 재현한 예능 콘텐츠를 선보였다. 11번가 공식 유튜브 채널인 '11번가TV'를 통해 방송되고 있는 웹 예능 '열일사원'은 1회차의 조회 수만 11만 회를 기록할 정도로 인기가 높았다.

　이커머스가 움직이니 보수적이던 백화점 업계도 유튜브를 만들기 시작했다. 롯데백화점은 '오떼르'라는 이름으로 자체 웹 예능을 선보이고 있으며, 현대백화점 그룹의 패션 계열사 한섬은 유튜브 채널과 인스타그램 공식 계정을 통해 첫 디지털 런웨이까지 진행하였다.

유튜브, 웹 예능 등을 통한 SNS 성공 포인트

소비자들이 하루에 접하는 광고는 과연 얼마나 될까? 지나친 광고에 식상한 소비자들에게 웹 예능은 재미와 홍보를 동시에 추구했기에 성공할 수 있었다. 기존처럼 홍보만 하는 일 방향의 전달성 전략으로는 더는 시선을 끌 수가 없다. 소비자들은 호기심과 재미를 느낄만한 콘텐츠를 구독하고 팔로잉 한다. 이제는 기존의 광고성 마케팅은 더는 소비자들의 시선을 잡을 수 없는 시대가 되었다. 웹 예능을 통한 홍보는 가성비 측면에서도 활용도가 높은 매체라 당분간 그 인기는 지속될 것으로 보인다.

이제는 '제품 좋습니다'라고 단순히 밀어붙이는 광고보다 재미있는 콘텐츠에 내 상품을 투영하여 콘텐츠를 통해 끌어들여야 한다. 광고 같지 않으면서도 재미있어야 하고 핵심 메시지가 담겨 있는 것이 사람들의 이목을 더 많이 끈다. 직접 채널을 운영하기 어렵다면, 이미 잘하고 있는 채널과 컬래버레이션해서 콘텐츠를 제작하는 것도 방법이다.

틱톡과 챌린지 문화가 만들어낸 국민 송

〈아무 노래〉 신드롬

〈아무 노래〉는 일단 재미있다. 과거 〈마카레나〉나 〈강남스타일〉의 열풍과 흡사하다. 힙합곡이지만 남녀노소 부담 없이 들을 수 있는 독특한 매력이 있다. 가사도 또박또박 잘 들려서 어렵지 않게 소화된다. 원래 대중 감각이 뛰어난 가수였음에도 대중에게 큰 호응을 얻지 못했던 지코에게

지코의 〈아무 노래〉 앨범 커버 사진

〈아무 노래〉는 전작의 아쉬움을 한방에 회복시킨 은인이라 할 수 있다. 〈아무 노래〉를 성공시킨 챌린지 마케팅 기법은 사용자의 콘텐츠 제작 참

고정관념에서 벗어나 새로움으로 도약

틱톡에서의 〈아무 노래〉 챌린지

여를 유도하는 기획의 승리이기도 하다. 챌린지한다고 반드시 성공하는 건 아니지만, 최근 2~3년을 살펴보면 국내외에서 잘 기획된 챌린지로 성공하는 사례가 자주 보인다. 이 챌린지가 SNS를 만나 순풍에 돛 단 듯이 퍼져나가고 초단시간에 신드롬이 된다.

MZ 세대들은 콘텐츠의 양이 길면 외면한다. 그래서 짧은 영상인 틱톡이 인기가 높고 짧은 콘텐츠를 생성하고 퍼뜨리는 '밈 문화'가 급속도로 번져간다.

밈이라는 말은 진화생물학자인 리처드 도킨스가 《이기적 유전자》에서 처음으로 제시한 용어다. 이 말이 문화적 요소들이 유전자처럼 복제된다는 의미로 진화했고, 이제는 단순 복제를 넘어 재가공하고 재해석하는 방식으로 발전했다. 〈아무 노래〉 만큼이나 2020년 상반기를 뜨겁게 달구었던 '1일 1깡'과 '깡지순례' 같은 '깡' 열풍도 밈 문화의 대표적인 현상이라 할 수 있다. 〈아무 노래〉가 신드롬이 된 이유는 안무가 어렵거나 동작이 크지 않아서이고, 누구나 어디서나 쉽게 따라 할 수 있기 때문이다. 〈아무 노래 챌린지〉는 이후에 빅스타인 이효리, 화사, 송민호 등이 참여하면서 세계적인 트렌드로 발전하였고, 틱톡 영상도 8억 뷰를 넘어서는 기록을 세웠다.

〈아무 노래〉의 인기는 틱톡의 힘이 가장 크다. 10초에서 20초 사이의 짧은 영상은 10대와 20대를 사로잡은 결정적인 힘이었다. 틱톡은 몇 번의 클릭만으로도 쉽게 영상을 만들 수 있으며 배경음악이나 각종 화면 효과도 자유롭게 편집할 수 있다. 흥미 있는 콘텐츠를 재생산하고 편집하면서 초단시간에 사람들의 관심을 끌고 핵인싸가 될 수 있는 것이다. 오리지널보다 더 재미있는 패러디들이 무수히 생산된다. 작년 릴스도 가세하며 틱톡과 인스타그램에서 챌린지 문화가 지속해서 확산하고 있다.

인스타그램에서 〈아무 노래〉 챌린지 해시태그 검색결과

 안에 텍스트:

> ▶ Shorts   BTS
>
> 방탄소년단과 함께
> **#PermissiontoDance**
>   챌린지에 참여하세요
>
> 방탄소년단과 함께 #PermissiontoDance 챌린지   ⌄
> 에 참여하세요
>
> 조회수 462만회 · 7개월 전

방탄소년단의 〈PermissiontoDance〉 챌린지

    SNS 상에 '댄스 챌린지'의 열풍을 이끈 실질적인 주인공은 방탄소년단이었다. 방탄소년단은 2018년 아이돌을 발표하면서 댄스 챌린지를 선보이면서 엄청난 인기를 끌었다. 이후 제이홉, 지민 등으로 SNS에 방탄소년단의 파급력을 확대했다. 지민의 경우는 SNS 제왕이라고 불릴 정도로 진기록을 달성하고 있다. 2021년 방탄소년단 공식 틱톡 계정에 게재된 지민의 2020년 '방방콘(방에서 즐기는 방탄소년단 콘서트)' 단독 프로모션 영상이 1억 1천 100만 조회 수를 돌파할 정도다. 이는 개인으로 방탄소년단뿐만 아니라 한국 최초의 유일무이한 신기록을 수립한 역사적인 사건이다.

    지코의 아무 노래, 릴 나스 X의 올드 타운 로드Old Town Road, 리조의 트루스 허츠Truth Hurts. 이들 곡의 공통점은 요사이 SNS 상에서 급성장하고 있는 동영상 기반 SNS 틱톡TikTok을 통해 인기를 끌었다는 점이다. 페이스북이나 인스타그램에 익숙한 사람이라면 잘 이해할 수 없겠지만 사실 틱톡은 가장 뜨거운 소셜 미디어다. 대중음악계도 페이스북, 유튜브 일변도에서 벗어나 틱톡을 활용한 마케팅으로 젊은 세대의 트렌드를 선도하고 있다.

지코의 홍보를 맡은 이제컴퍼니 관계자는 "누구나 쉽게 따라할 수 있는 춤으로 챌린지를 하자는 게 바로 지코의 아이디어였다"며 "노래와 춤이 누구나 따라 하기 쉬울 뿐만 아니라 노래 가사처럼 자기만의 느낌으로 아무렇게나 춤을 춰도 되기 때문에 대중이 적극적으로 참여하는 듯하다"고 말한 바 있다. 중국 바이트댄스가 만든 틱톡의 경우는 '모바일 동영상 세대의 인스타그램'으로 불리는데, 동영상 길이를 15초 안팎으로 제한하다 지난해 1분으로 늘린 뒤 폭발적으로 사용자가 늘고 있다. 유튜브보다 동영상을 쉽게 편집해 올리고 공유할 수 있어 10대들에게 특히 인기가 높다. 또한 관계가 아니라 재미라는 요소 때문에 사람들이 더 쉽게 접근하고 있다. 〈아무 노래〉 챌린지를 통해 대중적으로 틱톡이 알려지면서, 주로 10대들이 이용하는 앱이라고 생각되었지만, 현재는 유튜브나 인스타그램 등과도 비교할 수 있는 만큼 대중적인 앱으로 성장했다.

모바일 앱 분석 기업인 앱애니가 공개한 데이터에 의하면 틱톡은 2021년 기준으로 월 이용자 10억 명을 넘어섰다. 평균 이용 시간도 빠르게 성장하고 있기에 틱톡의 성장세에 주목할 만하다. 이에 대응하기 위해 인스타그램에서도 틱톡과 비슷한 개념의 숏폼 플랫폼 '릴스'를 만들어 2021년부터 서비스를 시작하였다. 유튜브도 2021년 9월, '유튜브쇼츠'를 론칭하며 숏폼 콘텐츠에 대한 대중들의 관심과 인기를 확인할 수 있었다.

월 이용자 수 10억 틱톡과 더불어 인스타그램에 릴스, 유튜브에 쇼츠까지 가세하며 이제 엔터테인먼트 산업에서 이러한 챌린지 문화를 뺀다는 것은 상상할 수 없는 일이 되어버렸다. 애초에 기획한 챌린지부터 기획하지 않은 챌린지까지 나타나며, 오래된 노래를 다시 역주행하게 하며 주목하게 하였다. 특히 춤이나 노래는 이러한 플랫폼을 통해 언어의 장벽을 낮게 만들어 빠른 확산과 공유가 되게 하여 말 그대로 지구촌 시대를 열었다.

〈아무 노래〉의 SNS 성공 포인트

〈아무 노래〉의 경우 '챌린지'와 '밈'이 SNS를 만나 신드롬이 되었다. 밈은 앞에서 한 차례 설명했듯 '유행 요소를 응용해 만든 사진이나 동영상'을 말한다. 챌린지 영상이 밈으로 SNS 상에서 소비되면 급속도로 번져 나간다. 〈아무 노래〉는 이 트렌디한 플랫폼을 잘 활용한 아주 잘 된 성공사례라고 할 수 있다. 기존 지코의 노래는 실력자들만 소화할 수 있었던 가사와 랩이었다면, 〈아무 노래〉는 이름처럼 아무나 부를 수 있고 누구나 쉽게 출 수 있는 춤으로 챌린지를 시작하였다.

또한 그전에 지코에게 가지고 있던 인싸 이미지까지 전달되어 챌린지를 참여하면 인싸가 된다는 느낌을 주었다. 거기에 힘입어 일반인, 연예인 할 것 없이 다들 참여하는 분위기가 자연스럽게 확산하였다. 이런 챌린지 열풍은 단지 우리나라에서 뿐만이 아니다. 해외에서도 인피니트 챌린지, 비욘세 챌린지 등이 유행이다. 챌린지의 형태는 다르지만 공통점은 있다. 챌린지는 누구나 참여할 수 있을 수 있도록 쉽고 재밌어야 한다. 제로투, 스우파 헤이마마 등 지금도 많은 챌린지 역사가 만들어지는 중이다. 다음 챌린지는 당신의 머릿속 그리고 당신의 SNS에서 시작되길 바란다.

SNS MARKETING

4 PART

콘텐츠의 힘과
SNS의 시너지 효과

타깃 분석을 정확히 하여 성공한 SNS 콘텐츠 마케팅 전략

오늘의 집

인기 있는 SNS는 단연코 콘텐츠의 힘이 강하다. 남들과는 다른 독특한 콘텐츠로 사람들을 끌어들이고, 그렇게 모여든 사람들이 매체의 힘을 강하게 만든다. SNS 마케팅에서 콘텐츠 마케팅은 아주 중요한 키워드 중의 하나이다.

콘텐츠 마케팅이란 브랜드 이미지 개선을 위해 소셜 미디어나 광고주 웹 사이트 등에 음악, 동영상 등을 업로드하는 것을 말한다. 이는 기자가 뉴스를 작성하는 기법으로 콘텐츠를 생산하여 소비자에게 브랜드를 알리는 '브랜드 저널리즘Brand Journalism'으로 정의할 수도 있다. 콘텐츠 마케팅으로 광고와 뉴스의 구분이 모호해지고 언론과 광고주의 경계도 희미해지는 현상을 보여준다(네이버 지식백과, 한경 〈경제용어사전〉 참조).

오늘의 집 공식 인스타그램

콘텐츠 마케팅을 아주 유효 적절하게 활용해서 SNS 채널을 잘 운영하는 브랜드가 있다. 바로 〈오늘의 집〉이 그런데, 이곳에 가면 예쁜 인테리어 사진들도 많고 생활에 직접 활용할 수 있는 유용한 인테리어 팁도 많다. 이 브랜드는 인스타그램 팔로워만 100만 명이 넘는 인기 브랜드이다. 무료로 운용하는 온스 미디어의 마케팅 성과는 광고비로 환산할 수 없을 정도로 어마어마하다. 오늘의 집은 온라인상에 퍼져있는 아름다운 인테리어 사진과 아이디어들을 한곳에 모아 알기 쉽게 보여준다. 오늘의 집에 유저들이 많이 모이는 이유는 양질의 UGC 때문이다. 오늘의 집에는 유저들이 직접 올린 예쁜 인테리어 사진들이 수두룩하다. 내 집을 어떻게 꾸밀까 고민하는 사람들은 오늘의 집만 오면 그 고민이 말끔히 해결될 것이다. 오늘의 집은 단순하게 퍼 나르기 식의 채널이 아니라 고객들의 콘텐츠 소비 행태를 관찰하고 분석해서 해당 채널에 맞는 콘텐츠를 발행한다.

오늘의 집 인스타그램을 살펴보면 MZ 세대의 젊은 여성 유저들이 많다. 오늘의 집은 이들 유저의 성향을 분석해서 원룸 형태의 자취방, 10~20평형 대의 신혼집 사진들을 주로 보여준다. 코지한 느낌의 소품과 인테리어들을 보다 보면 브랜드 담당자의 센스와 기획력에 감탄하게 된다. 포맷이 지루하지 않도록 인테리어 월드컵 같은 재미있는 기획도 엿보인다. 인스타그램 내에서도 고객들이 좋아하는 집이 조금씩 꾸준히 바뀌기 때문에 매일매일 흥미 요소가 증가한다. 오늘의 집은 사실 코로나19 장기화로 홈 인테리어 등 '집콕' 콘텐츠에 대한 투자가 늘면서 더욱 두각을 나타낸 인테리어 플랫폼이라고 할 수 있다.

오늘의 집의 마케팅 전략은 4가지 정도로 정리할 수 있다. 첫 번째, 채널별 맞춤형 콘텐츠다. 오늘의 집은 SNS 각각의 채널마다 서로 다른 콘텐츠를 보여주고 있다. 인스타그램은 신혼이나 20대 여성들을 주요 타깃으로

오늘의 집 공식 페이스북 채널

콘텐츠를 구성한다. 인테리어 월드컵 식의 재미 요소도 있고 인스타그램답게 코지한 느낌의 적당한 소품들을 정성들여 고르고 배치한다. 페이스북, 트위터, 카카오스토리에도 그 채널에 맞게 카피 및 이미지 편집도 다르게 한다. 그렇게 매체 특성에 맞게 꼼꼼하게 신경 써서 SNS 채널을 운영하기에 성공률도 높은 것 같다.

오늘의 집의 두 번째 마케팅 전략은 MBTI 인테리어 콘텐츠다. 차곡차곡 정리하는 J형 스타일, 즉흥적이며 다채로운 P형 스타일, 혼자 있는 걸 좋아하는 집순이 I형 스타일, 친구들이 많아 셰어하우스에 살 것 같은 E형 스타일 등 고객의 성향 분석을 통해 그에 맞는 스토리텔링을 전개한다. 날씨나 계절에 맞춰진 콘텐츠도 오늘의 집의 특징 중 하나다.

세 번째 전략은 참여형 콘텐츠로 고객과의 관계를 더 깊게 다져간다는 점이다. 단순하게 콘텐츠를 업로드하는 게 아니라 고객이 스스로 참여하여 콘텐츠를 채워가게 하면서 고객과의 소통을 자연스럽게 이어 간다. 특히 인스타그램은 인터렉티브한 기능 등이 많기 때문에 이를 잘만 활용하면 참여형 콘텐츠를 보다 쉽게 만들 수 있다.

마지막 전략은 각 SNS 채널의 운영전략에 철저히 맞춘다는 점이다. SNS 플랫폼의 UX/UI를 분석하고 파악해서 노출될 가능성이 높은 콘텐츠를 운영하거나 유저들의 유입률을 높이는 방향으로 전개한다.

사용자들은 오늘의 집 앱을 이용해 통해 실제 사용자들이 집을 꾸민 포스팅을 구경하고 인테리어 용품을 구매할 수 있다. 리모델링이 필요하면 업체와 연결해 실제 시공도 가능하다. 오늘의 집 누적 다운로드 수는 1천 500만 건을 돌파했다. 2020년 초 300억 원 수준이던 월 거래액은 2020년 말 전자 상거래 금액과 인테리어 시공까지 합쳐 1000억 원대로 성장했다.

오늘의 집은 비록 코로나19의 비대면 집콕 문화로 급성장했지만 고객에게 어떤 콘텐츠를 제공해야 끌리는 기업이 되는지를 제대로 파악하고 실천에 옮긴 기업이라고 할 수 있다.

오늘의 집의 SNS 성공 포인트

오늘의 집은 콘텐츠 마케팅의 진수를 보여준 브랜드이다. 집콕 문화의 트렌드에 맞게 젊은 여성들이 좋아할 만한 다양한 인테리어 사진과 아이디어, 글 등의 콘텐츠를 지속해서 업로드했으며, 다양한 이벤트와 기획을 곁들여 매일매일 오늘의 집에 들를 수 있도록 한 것이 성공 요인이라 할 수 있다. 타깃의 흥미를 끌지 않으면 아무리 큰 기업도 살아남을 수 없는 세상이 되었다.

오늘의 집이 있기 전까지는 인테리어 관련 콘텐츠는 전문가들만의 공간이었다. 그래서 주로 넓은 집, 인테리어 비용이 많이 들고 고급스러운 집 등으로 원룸에 사는 젊은 층의 마음을 사로잡지 못했다. 오늘의 집도 처음에는 전문가 인테리어를 제공했으나 유저가 따라 하기 쉽지 않았다고 한다. 그래서 유저들의 실제 인테리어 사례들을 공유하는 곳으로 전향했고 반응이 훨씬 더 좋아졌다. 현재 오늘의 집의 UX/UI는 주거 형태, 평수, 가족 형태, 예산 등을 반영해서 나에게 딱 맞는 집을 보여준다.

오늘의 집은 사진에 보이는 인테리어를 제품보기 버튼으로 굳이 사이트를 들어가지 않아도 상세 내역과 가격을 알아볼 수 있는 장점이 있다. 이처럼 사용자 문제를 해결해 주고 편리함을 제공해 주는 것이 SNS 성공의 핵심이다.

SNS로 재미있는 소비를 추구하는
MZ 세대를 캐릭터로 공략하다

빙그레의 '빙그레우스'

2020년 2월 24일, 빙그레 공식 인스타그램에는 '안녕?'이라는 메시지와 함께 사진 한 장이 올라왔다. 뜬금없는 이 사진에 사람들은 빙그레가 해킹당한 거 아니냐고 수군댔다. 사건의 전말은 하루가 지나서야 밝혀졌다. 그 사진의 인물은 빙그레의 인스타그램 미션을 수행하는 주인공인 '빙그레우스 더 마시스(맛있어)' 였던 것이다.

이 인스타그램 홍보 프로젝트는 빙그레우스를 통해 빙그레가 생산되는 다양한 제품을 재미있게 소개하는 기획물이었다. 마치 영화나 드라마의 PPL처럼 빙그레우스 몸에 빵또야, 바나나맛 우유, 메로나, 투게더 등이 소개된다. 소비자들은 재미도 재미지만 '이런 것도 빙그레 제품이었어?'라는 반응을 보였다. 홍보는 아주 성공적이었다. 빙그레의 이 홍보방식은 단순

빙그레우스와 바나나우유

히 제품들을 나열해서 홍보하는 무미건조한 방식에서 탈피하여 스토리텔링과 인터넷 밈**Meme**을 적극적으로 활용해 재미를 더했다. 바로 이 재미가 팔로워들의 거부감을 완전히 없애 주었다.

빙그레우스의 아주 재미있는 스토리텔링 사례 하나를 소개하겠다. 빙그레우스가 매운 떡볶이를 먹고 눈물을 글썽이고 있다. 쥬시쿨과 대화를 하며 쥬시쿨이 있어 조금 진정이 된다고 말한다. 그러자 쥬시쿨은 자기를 빙그레우스의 명예 소방관으로 임명해 달라고 부탁한다.

이 스토리텔링은 매울 때 쥬시쿨을 마시라는 은근한 홍보 효과를 노리고 있다. 참 깜찍한 스토리텔링 기법인 것 같다. 빙그레우스가 인스타그램에서 이런 말을 올린다.

"나와 정원에서 바나나맛 우유 한잔하겠소?" 그러면 "즈언하, 좌표 찍어 주소서"라는 멘트가 바로 달린다. 빙그레의 인스타그램 스토리텔링은 점점 캐릭터를 발전시켜서 비서로 투게더리고리경도 나오고 비비빅이라는 일꾼도 나왔다.

빙그레우스는 별다른 홍보도 하지 않았는데 등장한 달 만에 팔로워 수가 2만 2천여 명을 넘어섰다. 6개월이 지나자 5만여 명을 돌파했다. 가히 폭발적인 인기라 할 수 있다. 이런 인기로 빙그레우스는 별도의 상품도 개발 중이고 타 기업과의 컬래버레이션도 기획 중이다.

빙그레는 인스타그램 뿐만 아니라 유튜브에서도 스토리텔링 마케팅을 활발하게 진행하고 있다. 빙그레의 유튜브 채널인 '빙그레 TV'는 283개의 동영상으로 구독자 수 11만 명을 돌파하여 제과업계 유튜브 구독자 수 1위를 차지했다. 2위인 롯데제과가 10만 명이긴 하나 동영상이 847개라는 개수로 봤을 때(2022년 3월 20일 기준), 빙그레의 마케팅은 대단한 위력을 가지고 있다고 볼 수 있다.

빙그레는 재미있는 소비를 추구하는 MZ 세대를 SNS로 제대로 공략한 성공 사례이다. 빙그레를 비롯한 대부분의 기업이 MZ 세대에게 집중하

빙그레 인스타그램 빙그레우스 게시글

빙그레TV 빙그레우스 영상

는 이유는 소비의 중추이기 때문이다. 이들은 자발적이고 적극적으로 소비 경험을 홍보하는 특성을 지닌다. 그래서 SNS를 통해 MZ 세대를 겨냥한 소비자의 적극적인 참여를 유도하는 마케팅이 활발하게 이용되고 있다. 빙그레는 이벤트도 MZ 세대의 취향을 저격했다. 빙그레의 대표 제품인 '바나나맛 우유'의 상품명에서 자음을 지워 'ㅏ ㅏ ㅏ맛 우유' 이벤트를 진행했는데, 이 이벤트 제품의 플라스틱 용기에서 초성을 떼어 소비자들이 직접 여백을 채울 수 있는 재미를 주었다.

한 식품업계 관계자는 "재미가 있으면 소비자가 알아서 광고해 주는 효과를 노릴 수 있어 세계관 마케팅은 핵심 전략으로 자리 잡는 추세"라고 이야기한다.

빙그레에 이어 hy도 MZ 세대를 겨냥한 세계관 마케팅에 나섰다. hy는 아이돌 출신의 사원 및 팬으로 구성된 팀이 사이버 아이돌 데뷔 프로젝트를 진행했다. 인기 웹툰 작가 연그림과 협업해 제품명을 이어받은 위르월, 뚜리MPRO3, 쿠퍼쿠퍼스, 아츄하루야채, 쿠르야쿠르트라이트라는 5명의 캐릭터를 만들어냈다. 이후 5명의 멤버 목소리를 뽑는 오디션도 진행했는데, 무려 216대 1의 높은 경쟁률을 보이며 MZ 세대들의 폭발적 관심을 끌어냈다. 이들 5명의 캐릭터는 실제 아이돌 연습생처럼 트레이닝 과정을 거치는 등 스토리텔링을 접목한 것도 MZ 세대들의 취향에 적중했다.

MZ 세대는 직접적으로, 적극적으로 참여해 스토리를 갖고 노는 문화를 좋아한다. 그들의 또 다른 특징은 '다양성'과 '취향'의 존중이다. 마케팅 과정에서 이 '선'을 넘지 않는 데 각별히 주의할 필요가 있다. 소셜미디어에 게시하는 문구는 물론, 캐릭터의 머리 모양과 장신구 하나하나까지 세심하게 점검해야 한다. 이런 부분은 괜찮을까, 특정 그룹에 상처를 주지는 않을까 확인하는 과정이 필요한 것이다. 빙그레는 예민한 감수성을 갖고,

hy의 사이버 아이돌 데뷔 프로젝트

어떤 사람이 봐도 불편하지 않은 콘텐츠를 만들려고 노력하고 있다. 빙그 레는 소비자의 댓글 등 피드백도 적극적으로 받아서 반영한다.

빙그레의 SNS 성공 포인트

빙그레는 인스타그램에 '빙그레우스'라는 홍보 전사를 창출해서 스토리텔링을 이끌었다. 빙그레 모든 제품이 자연스럽게 캐릭터화되어 등장한다. 그리고 이 재미있는 접근이 MZ 세대를 자극하여 그들이 스스로 빙그레를 홍보하게 했다. 빙그레우스는 소비의 첨병인 MZ 세대의 펀슈머를 유도하여 TV나 신문 그 이상의 홍보 효과를 거두기도 했다.

고객들은 기업을 단순히 이용만 하고 끝내는 게 아니라 함께 한다. 어벤져스의 세계관이 이어지는 것처럼 말이다. 기업들만의 세계관을 만들고 그 속에서 소통하는 재미를 주는 것이 핵심이다. 2030 계층을 일컬어 '다만추(다양한 삶을+만나는 것을+추구하는) 세대'라고 한다. 이들의 이런 특성을 늘 염두에 두며 마케팅을 진행해야 한다.

세계관의 인기는 이미 음악, 영화, 게임 업계에서도 증명되고 있다. 아이유의 '너랑 나와 시간의 바깥의 세계관'이 유명하고 에스파도 세계관으로 핫하다. 마블, 롤, 진격의 거인 등에서 세계관의 인기는 식을 줄을 모른다. 빙그레와 hy의 부캐 세계관 마케팅은 이미 식음료업계를 넘어서고 있는 조짐도 보인다. 이는 SNS 상에 새로운 마케팅 사조가 될 가능성도 아주 농후하다.

SNS와 시대적 흐름이 창업 3년 만에
매출 240억 원을 이루게 하다

청담코퍼레이션

1만 2천 969개. 이 숫자는 무엇을 의미할까? 인스타그램에 '#바우젠전해수기'를 쳤을 때 뜨는 게시글 숫자다. 이 게시글은 누가 올렸을까? 대부분 일반 소비자가 올린 사용 후기들이다. SNS 입소문을 타고 승승장구한 강소 기업들이 많은데 그중에 눈에 띄는 기업이 생활용품 기업인 청담코퍼레이션이다. 이 기업이 성공한 원인은 소비자의 취향을 제대로 저격했기 때문이다. 그리고 그 무기가 바로 SNS였다. 청담코퍼레이션은 SNS 마케팅을 통해 설립 3년 만에 매출 240억 원을 올리는 새로운 역사를 만들어 냈다.

청담소녀 제품 이미지

청담코퍼레이션 매출 변화

소비자들의 취향에서 새로운 가능성을 보고 2018년 7월, '청담코퍼레이션'이라는 미디어커머스 회사를 차리게 된다. 이후 모든 마케팅의 초점을 SNS에 맞추고 시장 수요를 분석하고 소비자 취향을 저격할 만한 제품을 기획해서 SNS 상에 판매하기 시작했다.

일반 소비자들에게 생소한 가전인 전해수기를 기획한 것도 이 시점이다. 이 기기 안에 수돗물을 넣고 일정 시간 가동하면 살균·탈취 수를 얻을 수 있다는 것을 알아냈다. 사실 이 제품은 일본이나 서구권에서는 널리 판매되는 제품이었다. 다만 국내 시장에는 아직 진입도 못 한 기회의 상품이었다. 국내 시장도 니즈는 강했던 시점이었다. 반려동물을 키우는 세대가 늘어나면서 위생 가전에 대한 관심도 높아진 것인데 이들을 메인 타깃으로 삼았다. 중소기업과 손을 잡고 제품 개발을 진행했고, 여성 소비자들의 취향을 위해 세련되고 고급스러운 디자인을 적용했다.

바우젠전해수기는 별다른 광고를 진행하지 않았다. 그런데도 세상 사람들의 관심을 받은 것은 역시 SNS의 힘이다. 청담코퍼레이션은 바우젠 실제 사용 과정을 담은 몇 가지 동영상 사진을 SNS에 올렸고, 이는 직관적인 콘텐츠를 선호하는 소비자의 취향을 제대로 저격했다. 인스타그램 등으로 급격하게 퍼져나간 바우젠전해수기는 점점 판매량이 급속한 상승 곡선을 이루더니, 회사를 설립한 지 1년 6개월만인 2019년에 181억 원의 매출을 올리게 된다. 이렇듯 SNS를 잘 활용하면 아무리 작은 기업이라고 해도 아이템에 따라, 혹은 소비자의 취향에 따라 순식간에 대박의 결과로 이끌 수 있다.

2020년부터 우리나라는 물론 전 세계에 코로나19 팬데믹이 몰아닥쳤다. 청담코퍼레이션도 위기일 수 있었다. 그런데 오히려 이 회사는 정말 위기를 기회로 멋지게 반전시켰다. 코로나19는 소비자들의 위생에 대한 관심을 더욱 증폭시키는 계기였다. 간편한 방식으로 살균·탈취 수를 만드는 청담코퍼레이션의 전해수기는 '코로나19 가전'으로 급부상하면서 제2의 도약을 이룬다. 다른 회사는 매출 하락을 걱정할 판에 이 회사만큼은 더 급격한 매출 상승을 선물 받았다. 정말 생소한 전해수기의 대박은 SNS 아니면 설명할 방법이 없다. 그러나 단지 SNS라는 도구를 잘 사용한 것이 아니라 소비자의 취향을 저격한 것이 컸다. 결국 마케팅은 내

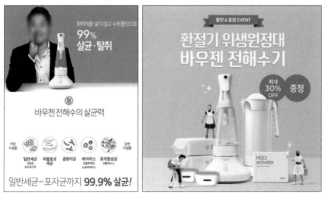

청담 바우젠 전해수기 제품

제품을 타깃에게 어떻게 제대로 전달하느냐가 중요하다.

청담코퍼레이션이 이 정도에 만족했을까. 어느 기업이든 안주하면 순식간에 사라진다. 이제는 초미세 기포로 세정력과 보습력을 높인 프리미엄 샤워 필터 '루루벨'을 탄생시킨다. 이 제품을 탄생시키기 위해 지난 15년간 마이크로버블초 미세 기포만 연구한 중소기업과 땀을 쏟았다. 어느 한 순간에, SNS 대박에 편승해 나온 제품이 아니라는 얘기다. 소비자가 좋아할 만한 다양한 제품을 연구하고 이를 출시했으며 SNS를 통해 홍보했다. 제품에 대한 본질, 소비자, 그리고 홍보 채널의 3박자가 제대로 맞아떨어진 성공 사례라 할 수 있다.

청담코퍼레이션의 SNS 마케팅에 눈에 띄는 한 가지 성공 포인트가 더 있다. 그건 현재 유행 중인 미디어 커머스다. 이는 콘텐츠를 제작하여 소비자에게 간접적으로 제품을 노출해 자연스럽게 제품을 떠올리게 하여 구매하게 하는 광고 전략이다. 인플루언서를 사용하기 때문에 전파력이 빠르며 콘텐츠 제작을 통한 광고 수익도 높아서 많은 기업들이 진출하고

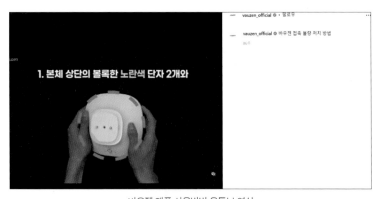

바우젠 제품 사용방법 유튜브 영상

있다. CJENM, 신세계, 이랜드 등도 미디어 커머스 자회사를 만들어 투자를 아끼지 않을 정도다. 인플루언서 등을 통한 제품의 광고는 충성도 높은 소비자를 만들지만, 뒷광고 논란을 보게 되면 이를 잘못 사용할 때 역풍을 맞는다. 미디어 커머스는 그만큼 양날의 검이지만 마케팅 전략을 잘 구성한다면 유튜브, SNS를 이용하는 소비자들이 많은 만큼 큰 기대를 모을 것이라 예측된다.

청담코퍼레이션의 SNS 성공 포인트

청담코퍼레이션은 SNS 마케팅을 통한 제품 판매로 설립 3년 만에 240억 원의 매출을 달성했다. 그 배경에는 미디어 커머스 회사를 설립 후 시장 수요를 분석하고, 그에 걸맞은 제품을 기획하는 것이었다. 전해수기를 기획하고 판매할 때 실제 사용 과정을 담은 몇 가지 동영상과 사진을 SNS에 올렸고, 직관적인 콘텐츠를 소비하는 소비자의 취향에 딱 맞아떨어졌다. 이에 따라 전해수기 판매량이 증가하였고 2019년에 매출 181억 원을 달성하였다.

사람들은 화려한 상세페이지보다 내 취향에 맞는, 내게 필요한 제품을 더 보고 싶은 것일지도 모른다. 내 상품이나 서비스도 화려한 상세페이지로만 고객을 기다리고 있지 않은가 생각해 보자. 사람들이 내 상품이나 서비스에서 궁금한 게 무엇일까? 어떤 콘텐츠를 듣고 싶어 하는가를 고민하자. 소비자에게 A to Z를 콘텐츠로 제공하다 보면 이를 보면서 자기도 모르는 사이에 제품을 구매하고 있을지도 모른다.

하늘 못 나는 저비용 항공사들, 유튜브로 활로를 찾다

제주 항공, 진에어, 티웨이 항공, 에어부산

이제 항공사에도 SNS의 바람이 불고 있다. 물론 살아남기 위한 하나의 몸부림일 수도 있지만 조금은 보수적인 항공사들이 SNS 마케팅의 가치에 관심을 가졌다는 것 자체가 새로운 변화로 보인다. 제주 항공은 자사 공식 유튜브 채널에 '밀키트만 믿고 승무원이 직접 도전한 셰프의 길'이란 제목의 영상을 올린 적이 있다. 이 영상은 제주 항공 현직 승무원이 기내식 카페 '여행 맛'에서 새로 출시한 밀키트 상품을 직접 요리한 뒤 맛보는 내용이었다. 이 영상에는 '제주 항공의 밀키트라니 너무 신기하다' '어디서 구매할 수 있느냐' 등의 댓글 수십 개가 달렸다.

저가 항공사들이 주로 애용하는 SNS 채널은 유튜브다. 코로나19로 인해 고객이 뚝 끊겨 매출 추락의 아픔을 맛본 이들 항공사는 유튜브를 통해 어떻게든 고객을 만나려 하고 있다. 조금은 무거운 분위기에서 만들었을 그 영상의 분위기는 의외로 가벼웠고 고객들은 열광적 호응을 보내줬다. 승무원들의 일상을 찍은 브이로그Vlog, 일상을 찍은 동영상도 잔잔한 파문을 일으켰다. 일단 콘텐츠가 다양하니 고객들이 모여들었다. 최고 인기 영상은 200만 회의 조회 수를 기록할 정도로 반응이 뜨거웠다. 이들 항공사의 유튜브 전략은 코로나19로 인한 강제적 멈춤의 시간에 가만히 손 놓고 있을 수 없어서 코로나19 이후에 만나게 될 잠재 고객들에게 조금 더 친근한 이미지를 주기 위한 것으로 보인다.

진에어와 티웨이 항공은 넷플릭스 드라마 〈오징어 게임〉이 전 세계적으로 인기를 끌자 이를 패러디한 승무원 출연 영상을 만들어 공식 채널에 올렸다. 이 영상에는 승무원들이 여객기 내부에 쪼그리고 앉아서 설탕 뽑기를 해서 이기면 조기 퇴근하는 재미있는 설정도 있다. 티웨이 항공은 최근 사이판 항공편에 탑승한 승무원의 브이로그를 올렸고, 신생 항공사 에어프레미아도 1호기 보잉 여객기 제작 과정을 담은 영상을 게시하면서 항공사들의 유튜브 활동에 본격 합류했다.

제주 항공의 홍보 영상

1등은 당신처럼 SNS 하지 않는다

진에어 유튜브 영상 섬네일
#진에어 #오징어게임 #SQUIDGAME
[ENG] 오징어 게임(Squid Game)에 과몰입한 승무원들의 오진(Jin)어 게임 | Squid Game Parody

이들 LCC가 올린 유튜브 영상은 승무원이 직접 출연하고 웬만한 촬영과 편집 작업도 직접 다 진행했다. 이 영상을 제작한 것도 놀 때 한 게 아니라 에어부산의 경우처럼 본인의 비행 스케줄을 완전히 소화하면서 촬영에 참여했다. 사실 그렇게 실제 일하는 장면이 더 자연스럽기도 하다. 언뜻 보면 일하면서 촬영하면 일에 집중 못할 것 같지만, 항공사 관계자들과 촬영에 참여한 승무원들의 말을 들어보면 오히려 더 재미있고 일에 집중이 잘 된다고 한다. 제주 항공은 한발 더 나아가서 유튜브 영상을 촬영하고 편집하는 것을 권장할 정도다. 사실 회사 입장에서는 외부 홍보업체에 돈을 주고 맡기는 것보다 직원들이 직접 나서서 영상을 만드는 게 효과도 좋고 비용도 절감되어 이득이라고 생각한다. 그리고 그 직원들에게 인사고과에서 가산점을 주니 더 적극적으로 참여하는 것 같다.

LCC들이 유튜브 채널 활동을 확대하는 이유는 무엇일까? 서비스 홍보 효과가 크다는 걸 제대로 확인했고, 그 영상들이 자신들의 서비스나 신규 취항 노선을 홍보하는데도 아주 효과적이기 때문이다. 사실 항공사의 새로운 서비스들을 별도 비용을 들여 홍보하기도 좀 어려운 일이다. 매출까지 줄어든 마당에 홍보비를 쓸 여력은 더 없을 것이다. 그래서 자체 제작한 SNS 홍보영상이 더 매력적이다.

각 항공사가 자신들의 서비스를 어떻게 홍보하는지 살펴보자. 진에어는 기내식 콘셉트의 간편식 '지니키친'을 알린다. 제주 항공은 자사 유튜브 채널로 기내식 카페 '여행 맛'을 소개한다. 이런 SNS 홍보 전략은 브랜드

제주 항공 자사 유튜브 채널 화면

인지 개선 효과도 얻을 수 있다. 우리는 대한항공이나 아시아나항공 등 대형 항공사들의 브랜드를 TV CF를 통해서 만났다. 하지만 저가 항공사들은 그런 거대 매체를 활용할 수 없다. 그래서 자구책으로 파고든 것이 SNS 마케팅이고 동영상 유튜브 홍보다. 그런데 이 홍보 전략이 고객들에게 먹힌 것이다. 비슷비슷한 저가 항공사가 많이 생겨서 항공사 간의 경쟁도 심해졌다. 이들 사이에서 자사 브랜드를 인식시키려면 조금 더 친숙하고 재미있는 이미지가 필요하다.

유튜브는 채널 구독자 수가 인기의 기준인데 구독자 수가 가장 많은 LCC는 에어부산이다. 에어부산은 2019년 유튜브 채널을 개설한 뒤 코로나19 이후 오히려 구독자 수가 가파르게 상승해서 2021년 7월, 5만 명을 돌파했다. 승무원들이 기내에서 어떻게 식사하는지 소개하는 영상은 300만 회에 가까운 조회 수를 기록할 정도로 인기가 높았다. 부기장과 승무원의 러브스토리를 담은 영상도 조회 수 105만 회를 훌쩍 넘겼다.

한 에어부산 관계자는 "평소 승객들이 비행기 탑승 후 궁금해할 수 있는 콘텐츠 위주로 제작한 게 인기의 비결입니다"라고 말한다. 에어부산의 인기 콘텐츠들을 보면 고객들의 시선을 잡을만한 것들이 꽤 많다. 예를 들면 '비행기 정비사들은 본인 차도 직접 정비할까' '몽골 승무원은 정말로 힘이 셀까' '비행기 화장실은 밖에서도 열 수 있을까' 등이 그렇다.

에어부산만큼은 아니지만 제주 항공의 구독자 수도 2만 4000여 명이나 된다. 구독자 수 2만 명을 넘었다는 건 꽤 높은 단계다. 앞서 언급한 것처럼 제주 항공은 유튜브 채널 운영을 권장하고 전사적으로 움직인다. 새로 출시한 밀키트 먹방, 비즈니스 클래스 후기 영상 등 주로 신규 서비스도

이 유튜브를 통해 소개한다. 현직 제주 항공 객실 승무원들이 직접 운영하는 유튜브 채널 '감귤항공'에서는 토크쇼 형식을 빌려 '가장 기억에 남는 위급상황' '비행 중에 봤던 유명인' 등의 무용담을 늘어놓기까지 했다.

저가 항공사(LCC)들의 유튜브 SNS 성공 포인트

코로나19로 가장 타격이 큰 곳 중의 하나가 항공사다. 그러므로 이제는 항공사들도 기존의 방식으로 소통해서는 안 된다. 고객들이 궁금해할 만한 콘텐츠를 꾸준히 개발해야 친근함을 획득하고 브랜드 인지도도 높일 수 있다. 가벼운 소재인 것 같지만 승무원들의 일상도 고객들에게는 차별화된 콘텐츠다. 나와 다른 일상을 사는 사람들의 이야기에 사람들은 열광한다. 그 열광의 포인트를 SNS에 담아내는 전략이 성공의 포인트라고 할 수 있다.

코로나19로 모두에게 위기가 왔다. 하지만 그 속에서 기회를 찾는 사람들이 있다. 위기가 오히려 기회라고 한다. 위기 속에서 기회를 잘 잡은 사람들은 새로운 기회를 선점하고 있을지도 모른다. 한쪽 문이 닫히면 한쪽 문은 열린다고 한다. 새로운 것과 아이템 융합으로 도전해 보기 바란다. 우리가 고민하는 그사이에 누군가는 자기가 가진 자원을 활용해서 콘텐츠로 만들고 있다.

보험회사들도 MZ를 품고 유튜브를 달린다

라이나 생명, 삼성 생명, ABL 생명 등

이제 SNS 마케팅과 MZ 세대는 떼려야 뗄 수 없는 관계가 되었다. 보험업계도 그 관계 맺기에 열을 올리고 있으며 유튜브를 비롯한 다양한 SNS 매체를 활용하여 재미와 홍보를 병행하고 있다. 빅모델과 가상모델이 대결하고, 유명 유튜버 의사와도 과감하게 손을 잡는다. 사실 MZ 세대와 보험은 잘 연결이 안 되었던 게 사실이다. 그러나 그 고정된 상식을 허물어야 MZ 세대를 만날 수 있다.

　라이나 생명은 재테크에 관심이 높아진 국민들의 눈높이에 맞춰 유튜브 채널을 통해 재테크 정보를 스토리텔링 방식으로 전달했다. 친근한 이미지로 급부상한 가수 박군이 직접 택시를 운전하며 30대부터 60대까지 연령대별 승객을 자연스럽게 만난다. 그리고 그들의 솔직 담백한 인생 이야기를 듣고 보험을 비롯한 재테크 금융 정보에 대한 궁금증을 전하는 보험 토크쇼 '라이나 인생 택시'를 진행해 시선을 끌었다. 이처럼 요즘은 그냥 정보만 주면 안 된다. 정보에 스토리 혹은 재미가 더해지지 않으면 관심을 끌 수가 없다.

업계 1위 삼성 생명은 우주여행이라는 신선한 콘셉트에 MZ 세대에게 인기가 있는 진기주 배우를 내세워 '우주보험(스페이스 라이프)' 유튜브 광고를 진행했다. 광고영상 스토리를 보면 우주여행이 가능해진 미래를 배경으로 한 3개의 유쾌한 에피소드로 구성된다. 'SF영화와 같은 광활한 우주가 펼쳐지고 생애 첫 우주여행을 떠난 사람들' '화성으로 유학을 떠난 엄마와 아이' '버스 안에서 지구인들과 자연스럽게 섞여 출근하기 싫어하는 외계인의 모습'이 아주 재미있게 나온다. 언젠가 우리는 분명 우주 시대를 살 것이다. 그 미래를 먼저 체험하고 우주 시대가 일상이라는 설정이 신선했다. 그리고 예상치 못한 타이밍에 보험상품이 '짠' 하고 등장해서 더 재미있었다. 삼성 생명은 이 스토리와 연계하여 우주여행 SOS 무중력 무배

삼성생명 SOS무중력 무배당 보장 보험 홍보 영상

당 보장 보험, 화성 생활 어린이 성장보험, 외계인 퇴직연금 ARP 등 미래에 분명히 상용화될만한 독특하고 재미있는 보험 상품도 보여준다.

ABL 생명은 의사 유튜버와 손을 잡아 정보의 신뢰도를 높였다. 유명 유튜버 '닥터프렌즈'와 협업해 '닥터 프렌즈와 함께하는 슬기로운 건강생활' 영상 시리즈를 공개했는데, 유명 유튜버가 의학적인 근거를 바탕으로 궁금한 점을 속 시원히 알려주고, 잘못된 정보를 바로잡는 인포테인먼트 Infortainment 영상으로 눈길을 끌었다. ABL 생명은 전문 리포터가 ABL 생명 고객이 운영하는 식당을 찾아가 음식을 직접 맛보고 소개하는 '맛 따라, 고객 따라' 시리즈, 가족의 의미를 되새기고 느낄 수 있도록 사내 방송이 제작한 '언제나 봄, 가족을 봄', 취업 준비생의 속마음을 듣고 그들을 응원하는 바이럴 영상 등 다양한 소재의 영상을 자사 유튜브 채널도 업데이트했다.

삼성화재도 MZ 세대 공략에 적극적으로 힘을 쏟기 시작했다. 보험업 특성을 살린 '건강', '안전' 관련 콘텐츠에 재미 요소를 더해 많은 관심을 받았다. 삼성화재 공식 유튜브 채널의 누적 조회 수는 6천 만 뷰를 돌파하기도 했다. 삼성화재는 바르고 건강한 이미지의 '국민 MC' 유재석을 신규 모델로 영입해 고객과도 적극 소통하고 있다.

보험업계에 버추얼 인플루언서를 모델로 선택한 곳은 신한생명과 오렌지라이프가 통합한 신한라이프다. 신한라이프도 역시 MZ 세대를 타깃으로 하여 디지털 감성에 부합한 버추얼 인플루언서 '로지'를 내세웠다. 로지는 MZ 세대가 가장 좋아하는 얼굴형을 가진 22세의 발랄한 여성으로 2020년부터 활동해서 지금은 2만 명 이상의 인스타그램 팔로워를 거느린 국내 최초의 버추얼 인플루언서다. 로지를 메인 모델로 진행한 '라이프에

로지가 출연한 신한라이프 광고

놀라움을 더하다'라는 광고 캠페인 유튜브는 공개한 지 20여 일 만에 누적 조회 수 1천 만 뷰를 돌파하기도 했다.

코로나19는 보험의 주요 소비 계층도 바꾸어 놓았다. 불과 2년 전만 해도 젊은 세대가 보험의 주력군으로 등장할 것이라고 예상한 사람은 아무도 없었다. 그러나 이제는 그들이 대세이고 그들을 상대로 마케팅을 진행해야 하는 상황까지 왔다.

그래서 그들의 주력 무대인 SNS에 보험사들의 홍보가 집중된다. 국민 영상 플랫폼이라고 불리는 유튜브 영상을 보험사마다 특색 있게 만드는 이유도 바로 여기에 있다. 주력 타깃 군과의 소통, 그리고 그들을 통한 놀라운 전파력, 각 보험사에 입사한 MZ 세대들이 이 흐름을 놓칠 수는 없었을 것이다.

보험회사의 SNS 성공 포인트

MZ 세대의 구매 패턴이 다른 세대까지 확산한다. 따라서 MZ 세대들이 많이 모여 있는 SNS에 색다른 재미를 계속 올려 자극해야 한다. 기존 보험회사들은 유튜브를 적극적으로 활용했다. 국민 영상 플랫폼인 유튜브를 통해 모든 연령의 고객과 접점을 확대했고 브랜드·상품 홍보 효과와 더불어 고객과 소통할 수 있는 채널로 즉각적인 고객 반응 분석까지 손쉽게 처리했다. 유튜브 홍보는 기존의 홍보 채널인 TV·옥외 광고보다 저비용이며 재빠른 콘텐츠 제작과 배포가 가능하다는 장점도 있었다. 특히나 유튜브는 전 세대를 아우르는 온라인 채널이다. 온라인에 익숙한 10대부터, 아니 사실 태어나서 아이 때부터 유튜브를 보니 전 세대가 모두 보는 채널이 아닐까 싶다. 신문도, 잡지도, 라디오도 힘을 많이 잃은 지금, 유튜브가 강력한 대안이 되고 있다.

유튜브 콘텐츠는 영상을 바탕으로 하기에 높은 신뢰도와 자극성이 있는, 주목 받기 쉬운 강력한 마케팅 도구다. 또한 공유 기능도 활발하기 때문에 MZ 세대를 타깃으로 한 SNS 홍보는 메인 타깃과의 소통은 물론, 브랜드 가치 제고까지 이루는 일석이조 효과를 누린다. 보험회사 관계자들도 유튜브의 효과를 톡톡히 보고 있다. 일반 광고 영상보다 비용도 줄일 수 있고, 상품에 대한 자세한 설명이 가능하다. 금융, 보험 등 업계를 불문하고 유튜브는 강력한 매체로 떠올랐다.

인스타그램으로 작은 미술관에
61만 명을 그러모으다

도쿄 모리미술관

||||||||||||||||||||||||||||||||||||||||||||||||||||||||||||||||||||||||||||||||||||||||

시골의 작은 미술관도 SNS의 옷을 입으면 전 세계 관광객을 끌어들일 수 있는 유명 미술관으로 변모한다. '천국에서 가장 가까운 미술관'이라고 불리는 도쿄 모리미술관은 시골의 작은 사설 미술관에 불과한 곳이었다. 그런데 미술관에 대한 정보를 인스타그램에 공유하기 시작하면서 사람들이 모여들고 SNS를 시작한 지 135일 만에

모리미술관 공식 인스타그램

모리미술관 인스타그램 해시태그가 적혀있는 내부 사진

61만 명의 관람객을 모은 대기록을 달성했다. 그 인기 비결의 시작은 물론 SNS 마케팅의 도입이지만 단순히 그것만으로는 이 기록을 설명하기에 부족할 것 같다. SNS 마케팅을 한다고 다 성공하는 것이 아니기 때문에 이들이 그런 결과를 이룬 가장 중요한 포인트를 찾아보아야 한다. 기록은 누구나 만들 수 있지만 그 기록의 이면에 남겨진 그들의 땀은 누구도 눈여겨보지 않기 때문에 우리는 그 점에 더 주목하고자 한다.

미술관은 정적이고 차분하다. 그게 통념이다. 그런데 모리미술관은 재미있다. 그리고 그 재미있는 정보를 세상 사람들과 공유했다. 그 공유가 포인트다. 모리미술관을 단숨에 관람객 수 1위로 만든 힘은 SNS의 본질 중 하나인 공유를 잘 실천했기 때문이다. 그러나 단순히 공유만 잘한 게 아니라 기획형 SNS 관리법을 적용했기 때문에 지속해서 사람들이 모였고, 도쿄에서 가장 인기 있는 SNS 성지로 떠오르게 되었다. 예술 그 자체와 외부의 콘텐츠를 연결하는 모리미술관의 독창적 SNS 관리 기법은 현장에서 직접 시행착오를 거치며 알아낸 노하우다. 모리미술관의 인스타그램을 들여다보면 개인 맞춤형 미술관으로 보일 정도로 무수한 작품, 작가, 전시회, 프로그램, 미술에 대한 지식이 총망라되어 있다. 미술 관련 모든 소식들을 이 인스타그램 한 곳으로 다 해결할 수 있을 정도로 콘텐츠의 질적 양적 수준이 높다. 미술을 처음 접하는 이들에게도 이 인스타그램의 정보는 아주 유익할 정도다.

　모리미술관의 SNS 마케팅 활동을 보면 SNS가 단순히 홍보의 수단만은 아니라는 걸 알 수 있다. 우리는 왜 SNS를 하는가? 나와 세상과의 소통을 위함이다. 미술관 역시 코로나19 비대면 시대에 가만히 앉아 있다가는 관객과 소통하기 어렵다는 걸 느낀다. 이제 미술관에서 사진 촬영금지 등은 옛말이다. 포토존까지 만들며 적극적인 촬영을 장려하고 있다. 이 기본에 더해 모리미술관은 SNS로 예술인은 물론 관객과의 소통을 추진한다. 예술 활동은 누군가에는 작품 활동이고 직업 활동이지만 또 다른 누군가에는 딴짓이 될 수 있다. 이렇게 되었든 저렇게 되었든 소통하지 않는다면 다른 세계에 머물 수밖에 없다. 그 다른 세계를 나의 세계로 편입시키는 가장 빠른 방법이 SNS이다. 예술인과 예술인 간의 소통도, 관객과 관객 간의 소통도 SNS가 가능하게 한다. 예술을 잘 모르는 사람들에게 그 세계를 열어주는 것도 역시 SNS의 힘이 필요하다. 어디서든지 수준 높은 예술을 감상하게 할 기회를 열어 주는 것이 바로 예술 대중화의 첫걸음이라고 본다. 모리미술관은 그 대중화를 SNS를 통해 성공적으로 이루었다.

　아무리 수준 높은 전시회를 개최한다고 해도 사람들이 찾아와 주지 않는다면 그 작품들이 무슨 소용이 있겠는가? 찾아오게 하려면 소통을 통해 공감하고 자극해야 한다. 모리미술관의 SNS 활동은 의외로 꼼꼼하고 치밀하다. 마치 SNS 마케팅 대가가 입사해서 종횡무진 활동하는 느낌이다. 전시장에서 SNS 공유를 유도하는 안내문, '공유'를 활용한 SNS 이벤트, 해시태그 활용 방법, 관람객 피드백에 대한 대응, 게시물의 형식과 업로드 방법 등으로 치밀하게 관객을 유도하고 있다. 바로 그 점에 우리가 주목해야 할 성공 포인트다. 그냥 SNS 활동을 하는 게 아니라 관객을 유도할 치밀한 전략이 필요하다.

아무리 인지도가 높은 브랜드라고 해도 가만히 앉아서는 세상의 관심을 끌 수 없다. 결국 찾아가는 소통, 손을 내미는 공감이 필요하다. 모리미술관의 SNS 성공 신화는 문화예술계에 자극을 준다. 전시회, 작가, 작품을 알리는 데 급급하지 않고 소통하며 공감이 먼저라는 걸 이야기한다. 그 소통과 공감 역시 관객을 끌어들이는 하나의 전략이라는 걸 강조한다. 모리미술관은 세계 최초로 SNS에 기반을 둔 아트 마케팅의 선두 주자가 되었다. 어떤 노력이나 아이디어 없이 그냥 SNS에 정보를 올린다고 인기를 얻거나 세상으로 퍼져나가지 않는다. 모리미술관의 인기 비결은 그동안 그 어떤 미술관도 허용하지 않았던 미술관 내 촬영을 허용했다는 점이다. 관람객들이 전시회 작품을 마음껏 사진 찍어서 SNS에 올리게 했다. 그 특이한 시도가 시선을 끌었다.

SNS로 입소문을 타려면 재미도 재미지만 스스로 SNS에 시각적인 무언가를 올리고 싶게 만들어야 한다. 모리미술관을 그 자극에 성공했다. '나도 저 미술관에 가서 사진을 찍어 SNS에 올려야지'와 같은 심리가 확산되었고, 입소문을 타고 전 세계의 관람객들을 끌어모았다. 모리미술관이 전시한 것은 단순한 미술 작품이 아니라 고객이 공감하는 일상이었다.

모리미술관의 SNS 성공 포인트

결국 남들이 안 하던 획기적인 시도가 중요하다. 모리미술관은 일본 미술관 내 최초의 촬영 허용이 SNS의 확산을 끌어낸 힘이었다. 너도나도 미술관에서 사진을 찍어 SNS에 올리기 시작하니 호기심이 생긴 관람객들이 모여들었다. 그런데 모리미술관은 거기서 더 나가 가족이나 친구에게 말하듯 친근하게 소통했고 우직하게 그 프로세스를 유지해 갔다. 의외로 아이디어보다는 친근함, 성실함이 더 큰 무기였다. 모리미술관 사례는 일본에만 있지 않다. 현재 국내의 많은 미술관이 인스타그램으로 활발하게 퍼져 나가고 있다. 포토존이 있고 포스팅 요소만 있다면 사람들이 사진을 찍고 알아서 태그를 넣어 준다. 블랙핑크 로제, 차은우, 샤이니 키 등 케이팝 스타들이 리움미술관을 방문하여 인증샷을 남겨 전시 방문 인증 욕구를 자극하고 있다. '올해가 가기 전 꼭 봐야 하는 전시'로 손꼽혔던 이유는 스타들의 SNS에서 발견되며 고객들의 공감을 불러냈기 때문이다.

#emptyMoriArtMuseum(엠티모리아트뮤지엄) 참가자들

온라인 휩쓴 그 레시피,
그 힘은 입소문에 있었다

모디슈머

아마도 대한민국에서 SNS 마케팅을 가장 잘 활용하는 분야는 식품 업계일 것이다. 소비자들의 취향에 눈치를 보고 끌려다니는 다른 업계와는 달리, 이들은 아예 새로움을 만들어내며 업계를 이끌어 간다. 독창적이고 재미있으며 올린 이미지들은 맛있어 보이기까지 한 게 그 이유일 것이다. 온라인상에서 레시피 하나가 화제가 되면

짜파구리 인스타그램 게시글

곧바로 신제품 출시로 응답하고 소비자들의 지속적인 출시 요청에는 한정판으로 그 제품에 활력을 넣는다. 유튜브나 인스타그램에는 꽤 인기를 끌고 있는 레시피들이 많은데 식품업계는 바로 이들을 눈여겨본 것이다.

'모디슈머'라는 말이 있다. '수정하다'라는 뜻의 모디파이**수정하다**와 컨슈머**소비자**의 합성어다. 현재 온라인상에는 이들 모디슈머의 활약이 엄청나다. 그들은 한 기업의 매출에 영향을 줄 정도로 힘이 있다. 모디슈머는 자신만의 방식으로 제품을 활용하는 소비자들인데, 이 소비자들의 대다수가 역시 MZ 세대들이다.

모디슈머가 활약한 대표적인 성공 사례가 바로 영화 〈기생충〉으로도 유명한 '짜파구리'다. 짜파구리는 '짜파게티'와 '너구리'를 1봉씩 활용해 만드는 레시피로, 온라인상에서 소소하게 인기를 끌다가 한 예능 프로그램에 소개되면서 그야말로 열풍을 일으켰다. 영화에 등장한 것은 아주 나중 일이다. 영화 이전에 짜파구리는 이미 알려져 있었다.

영화 〈기생충〉은 인기 많았던 짜파구리를 고공비행하게 만들어 국내뿐만 아니라 세계인의 입맛을 사로잡았다. 농심은 미국, 일본 소비자들의 요청에 적극적으로 대응하여 너구리 분말스프에 조미유를 동봉한 '짜파구리 용기면'을 출시했다. 이것 역시 모디슈머의 요청에 반응한 사례이다. 농심은 한 발 더 나가 '로제 신라면' '쿠지라이식 신라면' 등 신라면을 국물 없는 라면으로 만드는 레시피가 유행하는 것을 고려해 '신라면 볶음면'을 새롭게 선보이는 등 모디슈머 시대에 놀라울 정도로 민첩하게 대응했다.

농심은 PC방 소비자들의 취향도 반영한 색다른 제품을 출시했다. 너구리에 카레를 넣어 먹는 레시피로 매콤하고 감칠맛 나는 국물이 특징인 카구리는 PC방 인기 메뉴로 사랑받아 왔는데, 여기서 더 나가 소비자들이 더욱 손쉽게 즐길 수 있도록 너구리에 카레를 넣은 '카구리 큰사발면'을 개발했다. 이 제품은 카레로 색다른 국물 맛을 구현하되, 오동통하고 쫄깃한 면발과 너구리의 상징인 다시마, 너구리 모양의 어묵 등 기존 너구리의 특징은 그대로 살렸다. 전자레인지 조리가 가능한 용기 면이라 언제 어디서나 간편하게 즐길 수 있다.

우리나라 사람들은 순두부를 참 좋아한다. 온라인상에 오뚜기 '열라면'에 순두부를 넣어서 찌개처럼 먹는 '순두부 열라면'이 화제였다. 소비자들의 움직임에 민첩하게 대응하지 못하면 그 기업은 성공할 수가 없다. 오뚜기의 반응도 농심만큼이나 민첩했다. 오뚜기 공식 SNS 계정에 순두부 열라면을 실패 없이 즐길 수 있는 정량화된 레시피를 소개하면서 모디슈머

마포농수산센터의 트위터 게시글

모디 슈머의 참여로 출시된 제품들

를 존중하고 소통하기 시작했다.

모디슈머가 만들어 낸 제품에는 다음과 같은 것들이 있다. 삼양식품의 '불닭소스'와 팔도의 '팔도 만능비빔장'도 모디슈머들의 지속적인 요청을 받아 들여 제품을 출시한 사례이다. 오리온의 민트초코 역시 모디슈머의 목소리를 반영해 태어났다. 민트초코를 즐겨 찾는 소비자들을 '민초단'이라고 부르는데 이들의 활약 역시 온라인상에서는 꽤 이슈가 되었다.

오리온은 모디슈머들의 요청을 적극 받아들여 자사 인기 제품인 초코파이情, 초코송이, 다이제썬, 다이제볼에 민트를 넣은 여름 한정판 '오리온 민초단' 4종을 출시하게 된다. 오리온 민초단의 활약은 엄청났었다. 2019년, 오리온 공식 SNS에는 민트초코맛 초코송이, 촉촉한 민트초코칩 등 가상 제품 사진이 속속 공개되기 시작했다. 그리고 오리온에 제품 출시를 줄기차게 요구했다.

이 밖에도 롯데제과의 '롯샌 민트초코', 해태제과의 '오예스 민트초코', 파리바게뜨의 '쿨 민초 컬렉션'까지 다양한 민트초코 제품이 민초단을 기다리고 있다. 식품업계가 이렇게 모디슈머에게 집중하는 이유는 무엇일까? 식품업계는 유행에 민감한 업종 특성상 소비자들의 의견을 귀담아듣는 것이 아주 중요하다. 색다른 먹을거리를 발굴하는 차원도 있지만, 소비자들과 공감대를 형성하고 신선한 경험을 제공한다는 측면에서 모디슈머와의 소통은 더욱 중요하다.

모디슈머 공략의 SNS 성공 포인트

기업은 SNS 상에 자사 제품들이 어떻게 응용되고 있는지 늘 예의주시해야 한다. 그리고 네티즌들이 자발적으로 만들어낸 레시피나 아이디어를 반영하여 제품으로 출시해 소비자들과 아주 밀접하게 연결되어 있다는 걸 보여주어야 한다. 모디슈머의 성공 포인트는 결국 소통이다. 그러므로 '우리의 아이디어를 기업이 관심을 갖고 있구나'라는 인식을 심어주는 것이 중요하다.

고객들이 SNS에서 한 멘트 또한 얼마나 영향력이 있는지를 체감하면 고객들도 더 사명감을 가질 것이다. 제품 개발을 위해 회사 내부에서만 고민하지 말자. 고객의 의견을 들어라. 고객들은 기업이 응답해주길 기다리고 있다. 팔도 비빔면은 가격 그대로 1.2배 늘린 팔도비빔면 컵 1.2를 출시했다. 이유는 BTS의 멤버 RM이 '1개는 양이 적고 2개는 속이 부대껴요. 1.5배 제품을 내주면 좋겠어요'라고 했고, 이런 멘트가 커뮤니티에서 많은 공감을 받았기 때문이다.

이러한 의견을 받아들여 회사는 양을 늘렸고, 결국 이런 행태에 소비자는 개인의 의견이 제품에 영향을 끼친다는 부분에 열광하였고, 이를 또다시 SNS에 업로드하였다. 이는 개인과 기업 모두 윈윈하는 형태로 좋은 영향을 끼치고 있다고 볼 수 있다. 이렇듯 소비자의 의견을 적극적으로 반영하는 게 매출과도 직결되는 일이 많다. 그러므로 이제 소비자의 의견을 반영하는 것은 선택이 아닌 필수라 하겠다.

대박의 운도 노력하고 기다릴 때 찾아온다

코로나19로 인해 많은 것들이 변했다. 하지만 사람들의 수요는 억눌려 있거나, 변화한 것이지 사라진 것은 아니다. 외국 여행을 못 가는 대신 백화점 명품브랜드 매출이 30%나 늘어나는 것처럼, 소비의 수요는 어딘가에서 일어나고 있다. 그러므로 그 변화한 상황에 대처하기 위해 면밀하게 소비자부터 경쟁자, 다른 업종의 사례까지도 꾸준히 관찰해야 하며, 소비자와 고객이 원하는 니즈를 찾아 충족시켜야 한다.

잘되는 개인 또는 기업은 계속 선순환하며 더욱 많은 부를 축적하는 것이 현실이다. 우리도 그러한 상황에 속하기 위해 노력해야 하며, 그 첫걸음이 바로 이 책을 읽는 것이길 바란다.

잘 되는 사례를 무작정 적용할 수 있는 것은 아니다. 또한 조직의 규모나 환경 등이 달라서 많은 제약이 따를 것이라는 점도 너무 잘 알고 있다. 그렇지만 성공 사례의 분석을 통해, 취할 점을 취하고 응용할 점은 해나가면서 앞으로 나아가야 한다. 끊임없는 수정과 보완을 통해 성장할 수 있으리라 믿는다. 그러다 보면 어느 날 온라인의 확장성은 당신에게 생각지도 못했던 기회를 가져다줄 것이라고 확신한다.

이 책에 소개된 사례들은 준비를 통해 성공한 것도 있지만, 대부분은 지속적인 노력과 대응, 발 빠른 상황대처가 운을 끌어들여 이룬 경우도 참 많았다. 그러니 지금 좋지 않은 상황이라고 해서 너무 힘들어하지 않았으면 좋겠다. 운칠기삼(運七技三)이라는 말처럼, 운도 중요한 부분을 차지한다. 다만 그 운이 왔을 때 그 기회를 잡을 수 있는 인사이트를 가지시길 바란다.

책을 집필하면서 어떠한 업종이나 개인, 기업에 국한하지 않으려고 애썼다. 더불어 이전과 달라진 상황 속에서 조금이나마 더 도움이 될 수 있는 부분이 있으면 좋겠다는 마음이었다. 다시 한번 하시는 마케팅 활동에 조금이나마 도움이 되기를 진심으로 바란다.

추신 ————————————————————————————————

인스타그램에 제 고유태그 **#SNS국가대표**라는 해시태그를 넣어서 본인(기업)의 마케팅 사례를 올려주세요. 저도 해시태그 통해 들어가서 응원도 하고, 많이 알리며, 드릴 수 있는 피드백이 있다면 진행하겠습니다. 그리고 다른 분들도 서로의 사례를 **#SNS국가대표**로 공유받고, 서로 팔로잉하는 응원자의 역할도 해줄 것입니다. 인스타그램에서 기다리겠습니다. 감사합니다.

참고 문헌

PART 1

1. SNS 마케팅 성공사례 **청하**
- 청하 페이스북 및 인스타그램
- EBS 펭수 유튜브 채널 '펭TV'

2. SNS 마케팅 성공사례 **팔도 왕뚜껑**
- 팔도 공식 인스타그램
- 어패럴뉴스
- 인플루언서 〈노마드의 꿈〉 블로그
- 팔도 블로그 〈온종일 맛있는 생각 뿐〉
- 위키트리

3. SNS 마케팅 성공사례 **농심 켈로그 첵스 파 맛**
- 농심 켈로그 공식 유튜브
- 아이템의 인벤토리
- 위키트리 첵스 파 맛 사건

4. SNS 마케팅 성공사례 **디지털 농업**
- 잡지 〈디지털농업〉 2022년 5월호 - 이야기가 있는 마케팅 성공사례
- 레이디경향 〈백인혜의 SNS 톡톡〉
- 청하농원 이은주 농부 페이스북

5. SNS 마케팅 성공사례 **라이브 커머스**
- 디지털인사이트 2021년 8월 9일 - 라이브 커머스는 어떻게 쇼핑의 패러다임을 바꿨을까?
- 매일경제 2022년 4월 28일 - 라이크 커머스가 대세
- 하이퍼커넥트 소셜 라이브 스트리밍 서비스 '하쿠나 라이브'
- 2020년 7월 13일, 〈서울경제〉 "인플루언서 이름 걸고 더 공들여 만들죠" 기사

6. SNS 마케팅 성공사례 **네파, 까사미아 등**
- 2020년 12월, 패션웹진 스냅

- 네파 틱톡 패리스 챌린지

- 2020년 잡코리아, 알바몬 설문조사

- 에듀윌 워크맨 댓글

7. SNS 마케팅 성공사례 **넷플릭스의 SNS**

- 넷플릭스 코리아 공식 홈페이지, 인스타그램, 페이스북

8. SNS 마케팅 성공사례 **CSR 마케팅**

- 2021년 3월 21일, MBC 뉴스데스크 〈돈쫄내주자〉 뉴스

- 2020년 11월 26일, 그린포스트코리아 파타고니아 관련 기사

9. SNS 마케팅 성공사례 **토스 증권, 카카오페이 증권, 한국투자 증권 등**

- 2019년 11월 26일, 〈시사오늘, 시사인〉 "증권사 SNS 구독해봤다" 기사

- 카카오페이 증권, 토스 증권, 유진투자 증권, 한국투자 증권 홈페이지

- 삼성 증권 유튜브 채널

10. SNS 마케팅 성공사례 **음식 인증샷 열풍**

- 2020년 4월 26일, 〈서울경제〉 "SNS엔 배달음식 인증샷" 기사

- 2021년 11월 26일, 〈매일경제〉 "인증샷 부르는 '비주얼 푸드'가 대세" 기사

11. SNS 마케팅 성공사례 **오뚜기, 곰표 등**

- 2021년 12월 21일, Con-Chip 티스토리 "MZ 세대를 사로잡은 식품업계의 펀슈머 마케팅 성공사례"

- 2019년 6월 21일, 한국마케팅 성공사례사관학교 카페 글 "펀슈머 마케팅 성공사례를 아시나요"

- 2021년 6월 3일, 〈오피니언 뉴스〉 "제2의 곰표맥주 만들자"…쏟아지는 컬래버, '잘못하면 독' 기사

12. SNS 마케팅 성공사례 **갓생 기획, 딜리셔스 비밀탐험대**

- 2021년 10월 17일, 〈이코노믹리뷰〉 "편의점 3사 유튜브 전쟁…콘텐츠 승자는?" 기사

- 캐릿 홈페이지 - "Z 세대는 편의점을 완전히 다른 방식으로 활용합니다"

- 2019년 9월 6일, 〈헤럴드경제〉 "GS25가 힙해진다..MZ 직원들이 만드는 '갓생기획' 시동" 기사

- 〈이마트 24로 사는 법〉 채널 영상

PART 2

1. SNS 마케팅 성공사례 기업 총수들의 SNS

- 2021년 9월, 〈여성조선〉 "재계 총수들의 SNS 활용법" 기사
- 2021년 7월 6일, SBS 뉴스 "MZ 세대 소통 · 기업 홍보까지…SNS로 벽 허무는 총수들" 뉴스
- 2021년 8월 3일, 〈디지털투데이〉 "재계 최고 SNS 셀럽은 누구?…정용진 독주 속 최태원 맹추격" 기사
- 정용진 부회장 인스타그램

2. SNS 마케팅 성공사례 MKYU, 켈리최생각파워

- MKYU 김미경 라이브 방송
- 켈리최생각파워 커뮤니티
- 랑콤코리아 유튜브 채널

3. SNS 마케팅 성공사례 진로소주 두꺼비

- 〈비즈니스워치〉 "진로 소주, '마케팅 성공사례 교과서'가 되다" 기획 기사
- 진로이즈백 인스타그램
- 위키트리 "이 두꺼비 모르면 요즘 사람 아님"

4. SNS 마케팅 성공사례 가상 인간

- 〈IT동아〉 [BIT 인사이트저널] "우리 일상으로 한발 더 들어온 '가상 인간'" 기사
- 2021년 12월 7일, 〈시사저널〉 "대기업이 가상 인간에 투자하는 이유" 기사
- 〈뷰어스〉 "'메타버스·가상 인간·오징어게임' 보험사, MZ 세대에 바짝 다가간다" 기사

5. SNS 마케팅 성공사례 SNS 인플루언서

- 2021년 7월 1일, 〈중앙일보〉 "팔로워 300만 명, 연수입 130억…'릴 미켈라'도 인간 아니다" 기사
- 아이라이크 블로그, "화제의 인플루언서 시리즈" 키크니 편
- 2021년 10월 1일, 〈주간한국〉 "진정성과 파격 담고 진화 중인 인플루언서 마케팅 성공사례" 기사

6. SNS 마케팅 성공사례 강원도 최문순 도지사

- 강원도청 유튜브
- 위키트리, "강원도 감자, '8000 박스' 30초 만에 완판… PTS 열풍"
- 2020년 5월 12일, 〈중앙시사매거진〉 "강원도 감자 '완판'의 주인공, 최문순 강원도 지사를 만나다" 인터뷰
- 2020년 3월 24일, 〈한국농어민신문〉 "강원감자 '20만6000상자 완판…농가 한숨 돌렸다" 기사

7. SNS 마케팅 성공사례 공정위 TV

- 충주시, 여주시, 강원도 유튜브 채널
- 2022년 6월 26일, 〈이데일리〉 "[인터뷰]"더 망가지며 소통하겠다"는 공정위 유튜브 스타" 인터뷰
- 2020년 10월 6일, 〈한겨레신문〉 "1년 예산 60만 원, 상상력은 무한대…지자체 유튜브 1위 채널 '충TV'" 기사

8. SNS 마케팅 성공사례 무신사

- 무신사 스토어 홈페이지, 공식 유튜브 채널
- 〈브런치〉 "MZ 세대 미코노미 트렌드: 무신사의 셀럽 마케팅 성공사례" 글
- 〈동아비즈니스리뷰 329호〉 "'무신사'라고 쓰고 '놀이터'라고 읽는다" 기사

9. SNS 마케팅 성공사례 모트모트

- 캐릿 홈페이지, "모트모트가 직접 말하는 인스타 17만 팔로우의 비결은?"
- 모트모트 공식 인스타그램, 유튜브 채널
- 2020년 6월 27일, 〈조선일보〉 "별거 없는 수첩인데… 내 아들·딸이 앉아서 공부하네" 기사

10. SNS 마케팅 성공사례 오키로북스, 어서어서

- 부천 독립시점 오키로북스 인스타그램
- 경주 독립서점 어서어서 인스타그램

11. SNS 마케팅 성공사례 MZ 세대 타깃마케팅

- 네이버 지식백과 시사상식사전
- 칸미디어 블로그 "해시태그를 이용한 태그니티 마케팅 성공사례"
- 미래아이앤씨 블로그 "취향을 중시하는 태그니티 마케팅 성공사례"
- 2021년 10월 5일, 〈포춘코리아〉 "'민초단' 트렌드 만든 '태그니티' 마케팅 성공사례가 뜬다?" 기사

12. SNS 마케팅 성공사례 굿즈 마케팅

- 2021년 6월 9일, 〈한국경제〉 "옆집 언니의 눈으로 일상 포착…스타벅스 굿즈 열풍 비결이죠" 기사
- 2019년 10월 19일, 〈매일경제〉 "이디야커피, 색다른 메뉴 꾸준한 소통을 부탁해" 기사
- 2020년 8월 16일, 〈아시아경제〉 ""굿즈샀더니 본품이 덤으로?" 20·30 지갑 여는 '굿즈 마케팅 성공사례' 기사

13. SNS 마케팅 성공사례 비지트 재팬

- 비지트 재팬 인스타그램
- 삿포리어 블로그 "일본 SNS 마케팅 성공사례 업계 별 인스타그램 기업 계정의 성공 사례와 참고가 되는 포인트"

14. SNS 마케팅 성공사례 스타벅스

- 2021년 2월 19일, 〈매일경제〉 "내 커피숍은 텅 비었는데 스벅은 새벽부터 저 난리…왜?" 기사
- 2021년 8월 12일, 〈매일경제〉 ""오전 7시 반에 품절…동네 한 시간 돌았지만 장렬히 실패"…한국인은 왜 스타벅스 굿즈 열광할까" 기사
- 2020년 4월 19일, 〈전북의 소리〉 "스타벅스 비결?, 시대의 흐름을 정확히 파악한다" 기사

15. SNS 마케팅 성공사례 이니스프리

- 마마무 블로그, "이니스프리의 마케팅 성공사례 전략 알아보기: SNS를 중심으로"
- 이니스프리 공식 인스타그램
- 디비팩토리 블로그. "인스타그램 마케팅 사례: 이니스프리"

16. SNS 마케팅 성공사례 나이키

- 2020년 12월 22일, 〈중앙일보〉 "11만 명이 줄 섰다, 나이키의 인스타그램 대박 마케팅 성공사례 비결은" 기사
- 2018년 12월 18일, 〈뉴데일리 경제〉 "고객이 디자인하고 홍보까지… 나이키 '에어 맥스 데이'의 똑똑한 마케팅 성공사례 전략" 기사
- 나이키 공식 인스타그램 계정

17. SNS 마케팅 성공사례 KB국민은행, 상상인 저축은행, 신한은행, 토스 뱅크

- 2021년 8월 31일, 〈굿모닝경제〉 "웹툰부터 웹드라마까지…은행 SNS 마케팅 성공사례 활발" 기사
- 2018년 6월 27일, 〈한국경제〉 "아이돌 앞세우고, 동영상 띄우고… 은행권, SNS 마케팅 성공사례 경쟁" 기사
- 2021년 10월 21일, 〈컨슈머타임즈〉 "은행권, "MZ 잡아라" 게임·엔터·콘텐츠 등 마케팅 성공사례 봇물" 기사

18. SNS 마케팅 성공사례 구찌, 발렌시아가

- 2022년 5월 10일, 〈조선일보〉 "루이비통·구찌·셀린느 변신…MZ 세대 잡은 크리에이티브 디렉터" 기사
- 2021년 8월 26일, 〈디지털조선일보〉 "MZ 세대 모셔라! 명품 브랜드, 진입장벽 낮춘 '플랫폼' 확장" 기사
- 하이엔드데일리 "[브랜드톡] 발렌시아가 X 크록스로 보는, 명품 엉뚱 콜라보의 세계, 진짜 어울린다고 생각해?"
- 2021년 4월 14일, 〈어패럴뉴스〉 "구찌와 발렌시아가, 첫 콜라보 컬렉션 론칭" 기사
- 메이플 용사의 로그오프 라이프 유튜브 채널

PART 3

1. SNS 마케팅 성공사례 **한국민속촌**

- 온마 블로그, "고객과 함께 노는 한국민속촌"
- 한국민속촌 속촌아씨 인스타그램, 네이버TV, 블로그 프로필
- 꿈꾸는 마케터 블로그, "SNS 마케팅 성공사례 젊은이들의 데이트 성지가 된 한국민속촌"

2. SNS 마케팅 성공사례 **하이네켄 양조장**

- 2020년 3월 6일, 〈아시아경제〉 "1년에 100억 병 팔리는 '하이네켄'의 비결은" 기사
- 의연한 KEY코치 블로그, "하이네켄 브랜드 체험센터"
- 브런치 글 "맥주보다 맛있는 하이네켄 이야기"
- 하이네켄 공식 인스타그램

3. SNS 마케팅 성공사례 **경동나비엔, 귀뚜라미 보일러, 린나이**

- 2017년 8월 17일, 〈에너지플랫폼 뉴스〉 "보일러사, SNS 마케팅 성공사례 홍보효과 '쏠쏠'" 기사
- 경동나비엔, 귀뚜라미, 린나이 각 사 홈페이지 및 인스타그램

4. SNS 마케팅 성공사례 **곰표 맥주, 세븐브로이 맥주 등**

- 2021년 10월 18일, 〈중소기업 뉴스〉 "맥주와 구두약·껌·라면의 수상한 만남… 성장 거품 꺼질 일 없네" 기사
- 2021년 3월 18일, 〈녹색경제신문〉 "편의점 맥주 전성시대…이색 콜라보 수제맥주부터 한 달에 3캔 구독서비스까지" 기사
- 2021년 6월 15일, 〈한국경제〉 "곰표 히트에 북극곰·백양·롯데껌까지…'콜라보맥주 전성시대'" 기사

5. SNS 마케팅 성공사례 **대전 태평 전통 시장, 충북 음성 무극 시장**

- 신영균 블로그, "대전 태평시장 SNS 상인회 정기 모임날. 전통시장 온라인마케팅 성공사례 사례"
- 2018년 7월 6일, 〈중도일보〉 "'금빛마을' 무극시장 SNS를 통한 모바일 마케팅 성공사례 시작" 기사

6. SNS 마케팅 성공사례 **베노플러스 겔**

- 카이로스 블로그, "빅데이터 분석 리포지셔닝 성공사례 - 베노플러스 겔" 연구
- 티스토리 속빈갈대, "[빅데이터]사례연구-'베노플러스 겔'" 연구
- 2017년 7월 27일, 〈한국경제〉 "[K바이오 프론티어] '젊어진' 유유제약…개량신약·빅데이터 마케팅 성공사례로 '날갯짓'" 기사

7. SNS 마케팅 성공사례 **병원, 의사들의 유튜브 활동**

- 2021년 10월 23일, 〈데일리메일〉 "의사 유튜브, 환자 유치·병원 마케팅 활용 효과 높다" 기사
- 2020년 7월 1일, 〈비즈월드〉 ""소비자 마음을 잡아라!"…제약업계, 트렌드에 맞춘 다양한 마케팅 전개" 기사

8. SNS 마케팅 성공사례 **개인 자영업자 유튜버**

- 서소일 밀크티 유튜브 채널, 네이버
- 2019년 6월 11일, 〈아이보스〉 "백종원, 유튜브 요리비책 개설…제 레시피 그대로 전달 위해" 기사
- 김대석 셰프TV 유튜브 채널

9. SNS 마케팅 성공사례 〈삼시네세끼〉 〈쓔퍼맨〉 〈인싸오빠〉

- 2020년 1월 3일, 〈아이보스 홈페이지〉 "유튜브를 잡아라, 방송사들의 채널 전쟁"
- 2020년 8월 24일, 〈일요시사〉 ""새끼 치는 예능' 방송가에 부는 스핀오프" 기사
- 2021년 7월 27일, 〈이데일리〉 "CU, 데프콘 출연 웹 예능 '쓔퍼맨' 조회 수 200만 돌파" 기사
- 2021년 7월 26일, 〈머니투데이〉 "11번가 유튜브 예능 '열일사원' 인기…'강남'이 열일한다" 기사

10. SNS 마케팅 성공사례 〈아무 노래〉 신드롬

- 인터비즈 블로그, "지코 〈아무 노래〉 챌린지 틱톡에서 대박 난 이유는? '10초의 과학' 내용
- 인스타그램 〈아무 노래〉 챌린지 해시태그 검색
- 2020년 2월 15일, 〈뉴스1〉 "경쾌한 음악→챌린지…지코가 만든 '아무 노래' 신드롬" 기사
- 2020년 6월 23일, 〈여성동아〉 "니가 왜 거기서 나와? 재미있는 중독, 밈" 기사

PART 4

1. SNS 마케팅 성공사례 오늘의 집

- 오늘의 집 블로그, "SNS 채널을 키우는 오늘의 집의 콘텐츠 마케팅 전략"
- 오늘의 집 공식 인스타그램, 페이스북 채널
- 텐미니츠 DBR 블로그, "국내 1위 인테리어 플랫폼 '오늘의 집'의 마케팅 비결"
- 브런치 글, "커뮤니티 커머스 '오늘의 집'은 어떻게 마케팅 했을까?"

2. SNS 마케팅 성공사례 빙그레의 '빙그레우스'

- 2020년 3월 24일, 〈인터비즈〉, "빙그레나라에서 온 빙그레우스를 소개하오" 내용
- 2020년 4월 20일, 〈이데일리〉, "53주년 빙그레 왕국 책임질 '빙그레우스', 12만 팬덤 비결은?" 기사
- 2020년 6월 25일, 〈위키트리〉, ""담당자 인센 주세요"…'빙그레' 인스타그램 뒤집어졌다" 내용
- 2020년 5월 15일, 〈머니투데이〉, "13만 백성 이끄는 '빙그레우스 더 마시스'…B급 감성 통했다"

3. SNS 마케팅 성공사례 청담코퍼레이션

- 2021년 2월 24일, 〈한국경제〉, "SNS로 위생가전 사용법 알려…청담코퍼 3년 새 매출 9배 뛰어" 기사

4. SNS 마케팅 성공사례 제주 항공, 진에어, 티웨이 항공, 에어부산

- 이투데이 공식블로그, "저비용 항공사가 유튜브 채널을 운영하는 '진짜' 이유" 내용
- 진에어 유튜브 동영상, 제주항공 공식 유튜브 채널
- 2018년 6월 22일, 〈글로벌이코노믹〉 "[저가항공 이야기]진에어·티웨이 항공" 기사
- 2022년 2월 17일, 〈비즈니스 포스트〉 "에어부산 틱톡 공식 계정 운영 시작, 첫 숏폼 영상은 '기내 난동'" 기사

5. SNS 마케팅 성공사례 라이나 생명, 삼성 생명, ABL 생명 등

- 2021년 7월 28일, 〈CNB저널〉 기사

[보험사 MZ앓이 ①] 신한라이프, 사람인 듯 아닌 너 '로지'로 광고 대박 낸 비결은?

[보험사 MZ앓이 ②] '브랜드 맛' 살리는 음식 판매에 나선 보험사들

- 2019년 12월 13일, 〈e대한경제〉 ""밀레니얼 세대 잡자" 보험업계 SNS 마케팅 성공사례 활발" 기사
- 2019년 11월 12일, 〈세계일보〉 "2030 고객 잡아라" 보험사, 유튜브에 '풍덩' 기사

6. SNS 마케팅 성공사례 도쿄 모리미술관

- 2020년 10월 16일, 〈서울신문〉, "수수께끼 같은 그림, 주인공부터 찾으세요" 기사
- 미대언니 블로그 책 리뷰, "[줄서는 미술관의 SNS 마케팅 성공사례 비법] 모리미술관의 홍보담당자가
  말하는 미술관 마케팅 성공사례" 내용
- 름름블로그, "SNS 마케팅 성공사례의 본질을 가볍게 짚다" 내용

7. SNS 마케팅 성공사례 모디슈머

- 2021년 11월 21일, 〈아주경제〉 "조합하니 잘 팔리네"…모디슈머 마케팅 성공사례 열풍" 기사
- 인스타그램 짜파구리
- 2021년 9월 29일, 〈데일리한국〉"[혁신전략] '열라면' 역주행 이끈 오뚜기의 실험정신" 기사

참고 도서

1. 《잘 팔리는 브랜드의 법칙》, 구자영 지음, 더 퀘스트, 2021
2. 《지금 팔리는 것들의 비밀》, 최명화·김보라 지음, 리더스북, 2020
3. 《MZ 세대 트렌드 코드》, 고광열 지음, 밀리언서재, 2021